郏县民间歌谣选编

JIAXIAN MINJIANGEYAO XUANBIAN

王艳萍／王光洲 编著

河南大学出版社
HENAN UNIVERSITY PRESS
·郑州·

《郏县民间歌谣选编》编委会

主　　任　　李国军　　邢文辉
副 主 任　　李国勇　　王艳萍
编　　委　　王光洲　　马宏战　　吴瑞芳　　马素钦　　叶旭娜
　　　　　　樊帅恒　　王梓骏　　王　磊　　王一凡　　李永超
　　　　　　朱晓艳　　苏颂兵　　白珊珊

序

郏县北倚嵩阳，南临汝水，东接颍许，西附伊洛，处于被誉为"华夏文明之源"的河洛文化区域之内，商周时为古应国属地。这里是"运筹帷幄，决胜千里"，辅佐刘邦灭强秦，败项羽，名列"汉初三杰"之首张良的故里。东汉云台二十八将之一，助刘秀灭王莽，中兴汉室的铫期也是郏县人。名芳百代的"唐宋八大家"之苏洵、苏轼、苏辙葬于小峨眉山下。后世赞其人其地曰："千古风流诗书地，学高天下百世师"、"自从坡仙归峨眉，从此郏县土生香"，为郏县平添了一派潇潇的文风。

与其他地域一样，郏县的传统文化也是由两部分构成的，一半是精英文化、文人文化；另一半是浩如烟海的民间文化。前者是社会精英个人的精神创造；后者则是广大劳动人民在漫漫的农耕时代集体创造、集体传承的文化。歌谣便是这种民间文化中人民口承文学里的一个重要门类。

王艳萍夫妇历时十余年搜集、整理、编纂的这本《郏县民间歌谣选编》，就是对郏县这片古老土地上长期流传的民间歌谣的一次集纳。在今天，当我们来评估这本书意义的时候，必须将其放置在中国民间歌谣数千年发生与发展的广博历史视野中去加以考量，方能将其价值看得清楚和明白。

歌谣有着遥远而久长的历史。当人类文明显露出第一缕曙光的时候，诗、歌、舞融为一体的歌谣便伴随着原始先民们的劳作而在黄河流域萌生。《毛诗·大序》这样描述原始歌谣和歌舞的产生："情动于中而形于言。言之不足，故嗟叹之；嗟叹之不足，故咏歌之；咏歌之不足，不知手之舞之，足之蹈之也。"所以，我们说，歌谣是劳动人民的心声,是人们的第二种语言,即升华为诗歌的语言。有歌曲配合者曰歌,无歌曲配合者曰谣,合而并之曰歌谣。从原始时代起,以及其后的历朝历代,歌谣从来都是不同时期社会政治、百姓生活、人文心理和民众情感的诗意的表达。歌谣在发展的过程中,在不同的时代留下了历史的印记,所以,我们又说歌谣具有记录历史的功能。歌谣既具有文学价值、美学价值,也同时具有社会学、文化学和历史学的价值。

正因为此,中国远在西周时期,就有官方采集歌谣的传统。《汉书·艺文志》载:"古有采诗之官,王者所以观风俗,知得失,自考正也。"我国第一部诗歌总集《诗经》的"风"、"雅"、"颂"三部分中,"风"和"雅"的一部分便是"土风歌谣"。后来,《诗经》被纳入"四书五经"成为国学的经典,成为历代文人必读之书。从此,"观风俗,知得失",采集民间歌谣成为一种传统。汉武帝设乐府、"采诗夜诵"就是历史上的有名之举。

"五四"时期,北京大学发起搜集近世歌谣的运动。抗日战争时期,毛泽东主席在延安大张旗鼓地兴起了文化人下乡"采风"的热潮。中华人民共和国成立后,毛泽东再次倡导了新的"采风"运动。20世纪80年代,由政府主导的民间文学全国性大普查,被看作是社会主义精神文明建设的重要文化工程。当下,由国家主导、中国民间文艺家协会承担的规模宏大的"中国民间文学大系"的编纂工作,正在全国如火如荼地展开,歌谣便是其中重要的内容之一。

纵观古今,歌谣始终与人民的生活息息相关,始终与中国的历史演进相伴相随,它是中华民族传统文化构建的一个不可或缺的组成部分。

处于黄河中下游的、被称为华夏文明源头的河南的民间歌谣,在全国歌谣中居于重要地位。中原是《诗经》的主要发祥地。西周时期,河南境内封国林立,《诗经·国风》收集于十五个封国的民歌,其中有十一国在河南境内，相当一部分集中在包括郏县在内的河洛文化圈中。中原歌谣继承了《诗经》的艺术传统，表现出现实主义的文学特征，在艺术上，赋、比、兴手法得到很大发展，修辞格律更加丰富多样。河南的歌谣中，劳动歌谣占有重要地位，有相当数量的歌谣是描绘人民生活斗争历史的，河南民间情歌、风俗礼仪歌谣题材丰富，五光十色。此外，儿童歌谣也占相当大的比例。

河南在例次全国性的歌谣采风、普查、编纂、出版工作中也始终走在全国的前列，河南是中国歌谣学的先锋。近现代以来，河南在对歌谣的搜集、整理和研究的过程中涌现出白启明、白寿彝、董作宾、刘经庵等一批大家。

正是在上述文化背景下，当王艳萍夫妇所搜集、整理的《郏县民间歌谣选编》这部书稿放置在我的案头的时候，我在感到讶异的同时，也被深深地感动了。我认为这是自古以来官方搜集歌谣和文人个人自发地搜集歌谣所体现出的一种传统的文化精神在今天的绵延赓续。

我之所以对他们的辛劳深表赞叹，首先是由于人们往往习惯于将目光集中于中国文人文化的极致和阳春白雪之上，而较少有人关注百姓的文化、生活的文化、俗世的文化，这是一种由来已久的文化偏见。其实，正是这种民间文化，是一方水土的独特产物，各个地域民众集体创造的文化集合起来，构成了我们民族的共性文化，成为中华文化的底色、民族文化的基因，成为华夏民族的族群标志，成为中国人文化共识的基础和文化身份的象征。

第二，当前的中国正在告别漫漫的农耕文明，快速地进入现代工业文明，在这个重大的社会转型期里，包括歌谣在内的大量农耕社会架构下的传统文化正面临泯灭和消亡的危险。对于这种非物质文化遗产如果不加以刻意地抢救和保护，不在其尚在存活的时候将其记录下来，这种不可再生的文化资源以及它所承载的历史记忆和文化记忆就会永远地离开我们的视野。《郏县民间歌谣选编》正是抢救非物质文化遗产，对之进行档案保护的具体行动之一。尤其是当这个行动完全是出于个人自发的行为，这种文化精神就显得更加难能可贵。

第三，令我感叹的还有，终究有一些与王艳萍夫妇一样的人，关注着这些劳动人民在沧桑的岁月里，在日出而作、日入而息的寻常的日子里所创造出的自己的文化，并且不计功利地对之进行广泛地记录。他们挚爱着这些浸润和濡染了我们一代又一代人的文化。他们之所以挚爱，是由于他们能够感知到这种文化是一幅幅农耕文化的精彩画卷，是一曲曲美丽而浪漫的乐章，他们感知到了这种草根艺术独特的韵味和芳香。这种文化本质地带有粗犷自然、质朴无华的地域印记，就像产生民间文学的母体——那一望无际的原野和庄稼一样，只有那些独具慧眼的人，能够从中瞭望到它的美丽，感受到它生命的脉动和文化的张力，爱上它的精神和气质。

抢救与保护非物质文化遗产最首要的工作，就是对其进行记录，给我们的后世留下一份文献性的档案。档案保护是我们保护非遗的最基础的工作，是文化遗产保护的第一要义和第一手段。尤其是在今天人类创造历史，又同时进行自我记录的时代，没有哪一种历史创造不应该和不能够被记录，也没有哪一种过去从不见经传的文化，在今天这个记录的时代依然不被记录。

王艳萍、王光洲夫妇对郏县歌谣长期的挖掘、搜集、整理所付出的辛劳，体现出他们对这种文化的深切体认，而且洋溢着自己的文化才情。他们不仅把出版当作一种文化积累和文化传播的手段，而且当作社会转型过程中的我们承上启下的这一代人的历史责任。正是由于他们的努力，方能使这种地域文化可以留存于世，而不致湮灭。

我们期盼河南更多有文化责任感、有文化激情和文化才情的人，对遍布中原的民间歌谣进行更广泛和深入地搜集，使这种文化遗产得到更全面的保存。同时，我们也希望有更多此类出版物，为当前正在进行中的国家文化工程——《中国民间文学大系·歌谣类·河南卷》的编纂工作提供丰厚的资源。

我祝贺《郏县民间歌谣选编》的出版，并作文以为序。

夏挽群
2018 年 12 月于郑州

（作者曾任中国民间文艺家协会副主席、河南省文联副主席、河南省民间文艺家协会主席。）

目录

传统民谣

劳动类

003　一根扁担软溜溜
003　穿在身上好喜欢
004　高高山上一棵桃
004　卖面条
004　炒盘萝卜恁尝尝
005　月奶奶明晃晃
005　泥瓦匠
005　新媳妇怕纺花
006　白面油馍鸡蛋茶
006　前不栽桑
007　织手巾
008　打　铁
009　放羊谣
009　小蜜蜂
010　蚂　蚱
010　小虫飞翅膀爹
011　小花孩儿
011　小黄豆
012　青竹竿
012　骡　子

012　慢慢走慢慢挪
013　打夯歌
014　长工歌
016　放羊歌
018　织手巾
020　棉花经
022　种花歌
023　农家歌
026　对板子
027　豆芽经
027　小蒜臼
028　纺花车吱咛咛
028　小铲子剜野菜

仪式类 / 节令类

029　我给月奶奶把头磕
029　天地众神管哩宽
029　十二生肖歌谣
030　二月二
031　看云彩
031　二十四节气歌
031　小　满
032　春夏秋冬

032	婚礼歌		045	刮大风搂豆叶
033	生　孩		046	一小孩扤篮杏
033	铺床谣		046	天上下雨地上流
033	梳头歌谣		047	走一步扭一扭
034	求子谣		047	高高山上好晴天
034	送灯歌谣		047	挖　藕
035	摆供		048	菊花儿开
035	盼过年		048	怨恨歌
036	叫魂谣		048	情哥给我赶牲口
036	夜哭郎		049	黄瓜绿
037	大瞎话			
037	九九歌		**生活类**	
038	高高山上一头牛		050	擀面条
038	小白兔上南山		050	红日头渐渐高
038	十二月蔬菜歌		051	清早起来一溜忙
039	祈雨歌		052	一把扫帚四毛长
			052	蚊子和苍蝇
情歌类			053	提着馍篮看干娘
041	石榴花瓣儿长		054	月亮走我也走
043	嫁个相公没多高		054	驴娃毛衣黑咚咚
043	尼姑经		055	小孩快出来
045	人家疼妻俺疼郎		055	小花狗你看家
045	小枣树弯弯枝儿		056	上下眼皮光打架

057	葱花油馍喷喷香	070	四只老鼠
057	银元多了怕蹚将	070	天没边
057	落花生饱堆堆儿	070	菠菜叶　就地黄
058	桃花红杏花圆	071	馋嘴老婆巴年下
058	月亮出来照高楼	071	四大慌张
059	大闺女要出嫁	071	四大轻松
059	后娘经	072	四大难听
060	祈雨经	072	五大好听
061	包哩扁食两头尖	072	四大黑
061	东南来了一对人	072	四大红
062	拐棍歌	072	眼子不断头
063	争恁钱还恁钱	073	请财神
064	手扶花枝看牡丹	073	小鲤鱼
065	大个干娘	073	怪　事
065	买个猴子翻跟斗	074	豌豆角
066	弟兄仁	074	肚　疼
066	小老鼠上灯台	075	不识货
066	屁是一只虎	075	猎户谣
067	井里蛤蟆酱里蛆	076	穷　歌
067	望乡台	077	十棍儿歌
068	小蛤蟆	078	长工苦
068	芝麻秆	078	想上学
069	俺爷娶个花奶奶	079	穷人歌
069	小花鸡　脸皮薄	080	富人穷人不一样

080	小白鸡	092	老天爷刮怪风
081	报恩歌	093	一个石榴两个叶
081	筷子经	093	瓜蒌蛋
082	羊肉萝卜牛肉菜	094	蚂蚱经
082	花喜鹊	095	南边有个院墙
082	干活苦	096	小擀杖
083	撺小虫儿	096	小铜盆
083	女人贵	097	针
084	小白菜	097	瞎话儿
085	喔喔喔天明了	097	西山老母一只鸡
086	下窑苦	098	哏哏嘎嘎
086	娶个媳妇卖砸炮	099	童养媳
086	光光头	099	板凳摞摞
087	筛筛罗罗	100	买鞭杆
087	筛罗罗打面面	100	啃瓜皮
088	小女婿	101	小巴狗
088	有个小妮吃韭菜	101	猫猫眼
089	蛤　蟆	102	大实话
089	小闺女长大啦	102	出门没钱
090	曲儿曲儿薄驴驹儿	102	瞌睡虫
091	石沙头	103	给她摘俩大西瓜
091	纺花车	103	宽袖子窄袖子
091	天晴出日头	104	懒媳妇
092	高高山上一棵桃	105	正月十五闹花灯

105	井里蛤蟆吸乌梢	117	日头出来一杆红
105	从前有座山	118	小猫娃儿跑哩快
106	槐树槐	118	小蚂蚱一身黄
106	摘石榴	119	清早起来去放马
107	葫芦		
107	赖账谣		**劝世类**
107	棠梨树	121	百麦不成面
108	我和姐姐一般高	121	月奶奶明晃晃
108	长工恨	122	小孩哭　打屁股
108	娘打闺女谁可怜	122	滴溜滴溜转三圈儿
109	小花碗	123	一块豆腐四角齐
109	小徒弟	123	恁家天天添元宝
110	山老鸹	124	好汉歌
110	小孩哭着喊他大	124	靠自己
111	不动烟火喝滚茶	125	出日头
111	小粉盒支棱着	125	抓金银
113	小白鸡抱柴火	125	知冷知热结发妻
113	小妞妞摘豌豆	125	读书
113	懒老婆	126	莫生气
115	这儿一拍那儿一拍	126	劝君莫赌博
115	一孤独儿蒜	127	十戒歌
115	咯咯咯天明了	128	十不足
116	小白鸽搂柴火	129	万事空
117	买点包子过过年儿		

130	七个嫂子真贤惠		**传统童谣**
130	女儿经		
132	教子歌		**摇篮曲**
133	真经八句话	149	月亮头
133	大实话	149	摇篮曲
134	背羊羔卖羊皮	149	小宝宝
134	天上下雪地上白	150	花蝴蝶
134	墙上画马不能骑	150	摇篮曲
135	别笑穷人穿破衣		
135	鹿和狼		**游戏类**
135	省下新哩敬公婆	152	磕顶针
		152	盘脚盘
	历史传说类		
			生活类
137	二十四仙庆寿	154	放羊孩儿去偷瓜
140	马齿菜就地生	154	翻馍批儿硌料料
141	板凳板凳压摞摞	154	一个小孩六七岁
142	一二三四五	155	跟着扁嘴只管走
142	翅北差	155	上山去拾柴火棍
142	麻野雀尾巴长	156	青菜青 绿莹莹
143	老天爷您别下	156	舅舅来了吃啥饭
143	酸枣树 树叶儿尖	157	八月十五月儿圆
144	东南角起一棵梨	157	月奶奶明晃晃
145	三国人物		

157	月奶奶黄巴巴	167	尿床精
158	月奶奶	167	送西瓜
158	月亮奶奶	167	小红孩
159	俺家奶奶故事多	168	小巴狗
159	月奶奶明晃晃	168	指甲花
160	指甲花	168	小眼眯
160	斑鸠咕咕	169	明天去把姥姥瞅
160	小毛驴儿上哪去	169	臊子面条肉浇头
161	下大雪	170	拉大锯
161	黑妮与白妮	170	手拿皮鞭骑白马
161	拉大锯	170	小老鼠
162	小饺子两头尖	171	小花猫
162	我是南山老李逵	171	小槐树
162	张张箩	171	风来了
163	咪咪猫	172	蜜食篮
163	蚯蚓犁地哩	172	蚂蚁精
163	有个小孩光脚丫	172	背羊羔卖羊皮
164	恶支犁地	173	打金鼓过金桥
164	有个小孩不时闲儿	173	金豆银豆
165	妞妞摔个大跟头	174	爬山
165	小花孩	174	小白狗
166	喔喔喔天明了	174	摇到外婆桥
166	羽毛	175	对花尖
166	板凳歪歪	175	小蛤蟆

175	王奶奶		183	小松鼠
176	小小子儿坐门墩		184	一群小虫儿
176	跳花墙		184	老鼠嫁女儿
177	捉蚂蚱		185	小毛驴
177	颠倒话儿		185	炒黄豆
			185	鹰和兔

知识类

178	月亮月亮公公		186	辽天地里三间房
178	山羊吃青草		186	一斗半　二斗半
178	月儿弯弯　像只小船		186	一沟二崖是竹竿
179	风来了雨来了		187	小老鼠爬缸沿
179	萤火虫		187	我是姐姐你是妹
179	月奶奶黄巴巴		187	两只黄鹂
180	快来看		188	滚铁环
180	一个蛤蟆一张嘴		188	滚铁环
180	老母鸡骂小鸡			
181	蜇住驴屁股		**郏县民歌**	
181	月亮		193	月奶奶亮光光
181	小蜘蛛		194	想上学
182	椿树王		195	富人穷人不一样
182	小蜜蜂		196	后记
182	茄子			
183	小芝麻　点点星			

传统民谣

劳动类

一根扁担软溜溜

一根扁担软溜溜,
担着挑子下陈州。
陈州有个蓝花碗,
蓝花碗,大又圆,
三担芝麻撒不到边,
圆圈栽哩杨柳树,
当间骑马跑旱船①。

口述人:王月梅,女,84岁,郏县二工局退休职工。
采录时间:2008年9月8日。

穿在身上好喜欢

你采棉,我采棉,
采哩棉花堆成山。
弹棉花,纺棉线,
织成布,做衣衫,
穿在身上好喜欢。

口述人:王改琴,女,65岁,小学,郏县牧工贸退休职工。
采录时间:2008年6月3日。

---

① 旱船:民间艺人表演时用的道具。

高高山上一棵桃

高高山上一棵桃，
大风刮来小风摇。
歪瓣虫口①都刮掉，
剩下好桃自个熬。

口述人：云茹，女，79岁，小学，郏县黄道王英沟村。
采录时间：2016年5月20日。

卖面条

小花碗，圆又圆，
盛满面条桌上端。
都说俺这生意小，
你不着（zhuō）②卖饭赚大钱。

口述人：王月梅，女，84岁，郏县二工局退休职工。
采录时间：2008年9月8日。

炒盘萝卜恁尝尝

一把锄头明晃晃，
挖块菜地四方方。
又种葱，又种蒜，
又种萝卜又种姜。
姜味辣，葱味香，

---

① 虫口：坏桃子。
② 不着：不知道。

炒盘萝卜恁尝尝。

口述人：王改琴，女，65岁，小学，郏县牧工贸退休职工。
采录时间：2008年6月3日。

月奶奶明晃晃

月奶奶，明晃晃，
开开后门洗衣裳。
洗不净，涮不净，
要你这媳妇有啥用？

口述人：马新利，女，43岁，大专，郏县广播电视局干部。
采录时间：2015年3月3日。

泥瓦匠

瓦刀一掂，
有酒有烟。
瓦刀一掂，
有吃有穿。
瓦刀一掂，
强似县官。

口述人：王月梅，女，84岁，郏县二工局退休职工。
采录时间：2008年9月8日。

新媳妇怕纺花

新媳妇，怕纺花，
搬着纺车回娘家。

娘家门前有条狗，
汪汪汪汪咬两口。
一下咬住脚指头，
喊亲娘，快打狗。
小妮子，你没手？
搬上纺车快点走。

口述人：杨秀枝，女，85岁，郏县茨芭许洼村。
采录时间：2016年5月4日。

白面油馍鸡蛋茶

白面油馍鸡蛋茶，
吃了干活一顶俩。
生就一双勤劳手，
吃苦受累咱不怕。

口述人：王改琴，女，65岁，小学，郏县牧工贸退休职工。
采录时间：2008年6月3日。

前不栽桑

前不栽桑，
后不栽柳，
正当院不栽鬼拍手①。

口述人：王月梅，女，84岁，郏县二工局退休职工。
采录时间：2008年9月10日。

---

① 鬼拍手：杨树。

织手巾

一根手巾织哩新,
上织新年并新春。
二根手巾织哩长,
上织焦赞和孟良。
焦赞把住三关口,
麻绳系住杨六郎。
三根手巾织哩花,
上织刘全去进瓜。
刘全进瓜上了路,
撇下贤妻一枝花。
四根手巾织条船,
观音老母坐中间。
观音老母船上坐,
红日滚滚落西山。
五根手巾织五罗,
底下又织白沙河。
白沙河里有只鹅,
红帽白毛长长脖。
六根手巾织哩厚,
上织王莽撵刘秀。
撵上刘秀坐天下,
撵不上刘秀刀割头。
七根手巾织哩稀,
织上牛郎和织女。
小两口没干亏心事,

咋隔天河两岸旁。
八根手巾织八方,
织上贤妇李三娘。
白天担水有千万,
夜里推磨二更半。
九根手巾织九层,
织上天上九条龙。
十根手巾织哩红,
织上关公老爷拿大刀。
金山银山都不要,
一生只把刘备保。

口述人：杨秀枝，女，85 岁，郏县茨芭许洼村。
采录时间：2016 年 5 月 4 日。

打 铁

早打铁，晚打铁,
打把剪刀送姐姐。
姐姐剪块蓝花布,
给俺做根新棉裤。
早打铁，晚打铁,
打把锄头给俺爹。
俺爹下地锄芝麻,
锄了一晌也不歇。

放羊谣

清早①起来去放羊,
放羊放到小山岗。
羊儿多,羊儿白,
好像白云飘山上。
青青草,肥又壮,
多吃青草长哩胖。
日头下山去赶羊,
羊儿睡到麦秸上。
羊棚棚,盖哩好,
又暖和,又舒畅。
风不怕,雨不怕,
做个好梦长又长。

口述人:马春青,女,51岁,高中,郏县长桥镇王凤梧村。
采录时间:2016年3月10日。

小蜜蜂

小小蜜蜂生哩精,
听说采蜜一溜风,
先采迎春靠南墙,
采罢迎春采海棠。
海棠开花一二畦,
采罢海棠采月季,

---

① 清早:早上。

月季开花四季红,
粉色杏花往上升。
桃花开了杏花败,
梨树花开一片白,
石榴花开满树红,
小小蜜蜂进蜂笼。

口述人:王月梅,女,84岁,郏县二工局退休职工。
采录时间:2008年9月10日。

蚂 蚱

蝗虫、蚂蚱得了病,
蚰子[①]去请老先生。
麻唧了儿[②]听说没有来,
整天哭哩不绝声。
一群蚂蚁来吊孝,
屎壳郎推蛋打墓坑。

口述人:杨秀枝,女,85岁,郏县茨芭许洼村。
采录时间:2016年5月4日。

小虫飞翅膀夯

小虫飞,翅膀夯,
公公犁地婆子耙,
媳妇跟着打坷垃。

---

① 蚰子:蝈蝈。
② 麻唧了儿:蝉。

走路哩,别笑话,

俺家种哩好庄稼,

高哩是秫秫①,

低哩是棉花,

不低不高是芝麻。

口述人:刘桂敏,女,57岁,高中,郏县劳动局退休干部。
采录时间:2017年9月21日。

小花孩儿

小花孩儿,上南山,

割百草,换铜钱。

买白米,吃捞饭②,

他爹吃,他娘看,

花孩儿急哩一头汗。

小黄豆

小黄豆,圆又圆,

磨成豆腐雪白莲。

钢刀切,香油煎,

盛到盘里桌上端。

---

① 秫秫:玉米。
② 捞饭:干饭。

青竹竿

竹竿青，青竹竿，
编个椅子大又圆。
上面坐个小闺女儿，
刺啦刺啦纳底子儿。

口述人：王月梅，女，84岁，郏县二工局退休职工。
采录时间：2008年9月10日。

骡　子

马是爹，驴是妈，
生个小骡力气大。
货也驮，车也拉，
就是不会生娃娃。

口述人：余荣木，男，66岁，初中，郏县堂街镇宁庄村。
采录时间：2015年7月3日。

慢慢走慢慢挪

慢慢走，慢慢挪，
又是沙来又是河。
去时撒哩莲花子儿，
回来莲花开满河。
莲花开，莲花笑，
手捧莲花过金桥。

口述人：王秋霞，女，47岁，初中，郏县薛店镇后冢王村。
采录时间：2017年10月20日。

打夯歌

预备:
各位伙计哥呀!
嗨!
今天来集合呀!
一齐喊号子呀!
我唱打夯歌呀!
大家不要笑呀!
干活甭胡闹呀!
劲要使均匀呀!
有力一齐用呀!
一夯一夯排呀!
一下一下来呀!
慢慢朝前走呀!
别叫蹭住手呀!
起夯要架高呀!
甭叫扭住腰呀!
夯夯要打稳呀!
别叫夯乱滚呀!
打夯如斗虎啊!
谁懒谁受苦呀!
这下夯偏西呀!
西边加点力呀!
大家加点油呀!
马上就到头呀!
打完歇一会呀!

两下算到底呀!
落地别再起呀!

长工歌

正月里来正月正,
砸烂宝盒扛长工,
打听谁家活儿好,
就去干它一春冬。
二月里来二月正,
欢欢喜喜去上工,
家里撇下老父母,
又撇贤妻孤零零。
三月里来三月正,
犁犁耙耙动了工,
紧紧撇绳擦擦泪,
啥时间完了我的工。
四月里来四月正,
喂牛喂到打一更,
白天干活割青草,
不分昼夜俺做工。
五月里来五月正,
地里麦子黄澄澄,
三张绰子下了地,
车套晚了骂长工。
六月里来六月正,

地里日头热腾腾,
掌柜下地打着伞,
热死热活我长工。
七月里来七月正,
遍地蚊子闹哄哄,
掌柜睡觉有蚊帐,
长工睡哩露天棚。
八月里来八月正,
地里豆子焦嘣嘣,
七张钢镰齐下地,
缸里没水骂长工。
九月里来九月九,
掌柜做的桂花酒,
掌柜喝得醉醺醺,
剩下长工喝半盅。
十月里来十月一,
家家户户过节气,
掌柜吃的炸油馍,
剩下粗饼长工吃。
十一月,下大雪,
新花被子暖不热,
掌柜烤着炭柴火,
早晚喂牛冻死我。
十二月,整一年,
捆捆包袱转回还,
一年工钱八串五,
掌柜扣下八串三,

不见妻子不掉泪，
见了妻子泪不干。

口述人：宁花英，女，79岁，郏县渣园乡王庄村。
采录时间：2017年9月20日。
采录地：范玉兰家中。

放羊歌

一

好山好水好风光，
赶群羊儿上山冈。
各种坡道不一样，
一年四季记心上。
春放阳坡夏放巅，
秋放阴坡冬蹓涧。

二

好山好水好风光，
赶群羊儿上山冈。
刮风下雨气候变，
不懂规矩瞎胡转。
逆风吃草草扎眼，
雨天莫放沟塘边。

三

三月里来好风光，
赶群羊儿上山冈。
冬春草少出坡早，

中午最好带干粮。
夏秋出坡小晌午,
晚上回来喝罢汤①。

四
好山好水好风光,
赶群羊儿上山冈。
出坡弱小头前走,
春草嫩芽能先尝。
回坡壮大走前头,
恋着草儿不慌张。

五
好山好水好风光,
赶群羊儿上山冈。
冬天要防草冻伤,
孕羊吃着胎儿伤。
夏秋注意连阴雨,
长走湿路羊烂蹄。

六
好山好水好风光,
赶群羊儿上山冈。
羊儿繁殖春秋季,
气候温和是良机。
毛细肉肥羔羊大,

---

① 喝罢汤:吃过晚饭。

选育种羊是第一。

七
好山好水好风光,
赶群羊儿上山冈。
连续放过三年羊,
观羊就能报气象。
天若刮风羊群散,
天若下雨羊恋山。

八
好山好水好风光,
赶群羊儿上山冈。
养羊是门深学问,
三年也难当内行。
山区坡多草源广,
要想富裕多养羊。

织手巾

一根手巾织哩新,
上织新年并新春,
王子骑马前头走,
文武百官后面跟。
二根手巾织哩长,
上织焦赞和孟良,
孟良把住三关口,

又畜猪来又畜羊。
三根手巾织哩花,
上织刘全去进瓜,
刘全进瓜阴曹路,
撇下贤妻一枝花。
四根手巾织条船,
观音老母坐上边,
观音老母船上坐,
保咱一生都平安。
五根手巾织黄缎,
织上姑娘坐花船。
花船走到河当间,
来来往往到西山。
六根手巾织哩精,
上织蝴蝶和蜜蜂,
蜜蜂花丛采花蜜,
蝴蝶飞西又飞东。
七根手巾织哩稀,
上织牛郎与织女,
夫妻二人多恩爱,
怎隔天河几万里。
八根手巾织八方,
上织贤妇李三娘,
白日挑水千千担,
夜里推磨三更天。
九根手巾织九层,
上织云霄九条龙,

九条青龙空中飞,
风吹雨来雨伴风。
十根手巾织哩窄,
上织老母做花鞋,
头一双送给梁山伯,
二一双送给祝英台。
十一根手巾织哩好,
上织关公拿大刀,
杀了贼人千千万,
拼死都要保刘备。
十二根手巾都织够,
上织王莽撵刘秀,
刘秀跑来请铫期,
逮住王莽煞了戏。

口述人：马秋云，女，55 岁，初中，郏县堂街镇宁庄村。
采录时间：2017 年 8 月 19 日。

棉花经

枣芽发，种棉花，
先运粪，再犁耙。
浸棉籽，搓炉渣，
定距离，把种下。
子叶发，耙子扒，
子叶枯，把药打。
锄两遍，掰游杈，
掏底叶，花顶打。

摘棉花，晒棉花，
拣沙子，摔尘沙。
轧棉花，择破子，
弹两遍，卷成卷。
搓挤卷，捆成把，
纺成线，打线裙。
滚水烫，擀杖捣，
冷水丁，提出拧。
洗面筋，澄淀粉，
打浆子，浆浆线。
揉一揉，拧一拧，
搭杆上，四遍抒。
晒白皮，再拧拧，
怕粘连，再棚棚。
套风筝①，络成贯，
申经圈，揳（xiē）上尖。
绽绽绞，经经线，
线经毕，缠成蛋。
串绞棍，打头棍，
闯印轴，淮车子。
线印成，头铰开，
掏缯子，闯织轴。
绑机上，打穗妇②，
串竹竿，套梭子。

---

① 套风筝：织布用的工具。
② 打穗妇：织布做纬线用的工具。

左脚蹬，左撂梭，
右脚起，推接着。
右脚蹬，右撂梭，
左脚起，推接着。
织成布，染染色，
称橡壳，熬成汤。
布揉匀，淤泥赟（yūn），
赟赟摆，成黑色。
炒谷子，熬成水，
再次浆，捶展光。
量身体，铰成片，
做成衣，身上穿。
算一算，多少遍。
七十二，真艰难。

口述人：宁花英，女，79岁，郏县渣园乡王庄村。
采录时间：2017年9月20日。
采录地：范玉兰家中。

种花歌

棉花籽，青灰拌，
撒到地里它不变。
苗儿出来嫩绿鲜，
开的花儿黄艳艳，
秋来棉桃炸白团。
两个大姐来摘花，
一会儿摘了两大担。
轧车轧，弹车弹，

弹出的棉花亮闪闪。
纺出的线儿像丝线,
织出布来沉甸甸。
浆子浆,剪子剪,
丝线缝,钢针挽。
心灵手巧抢时间,
做成衣服可身穿。

口述人:云茹,女,79岁,小学,郏县黄道王英沟村。
采录时间:2016年5月20日。
采录地:云茹家中。

农家歌

奉劝世文人,
庄稼莫看轻。
读书功未就,
不妨就去耕。
开口笑庄稼,
处处放心中。
虽说多粗糙,
天下头一功。
安心做庄稼,
需要会调整。
正月过十五,
庄稼开动工。
人手先上粪,
然后把地耕。
地要打耙好,

热天不生虫。
九九种高粱,
谷种三月中。
种得早了光哑巴,
种得晚了穗头松。
庄稼如不收,
百业都不行。
扎耧去耩地,
仓眼要看清。
耩得稀了耽误地,
耩得稠了致黄病。
不稀又不稠,
越长越齐正。
屡听黄鹭叫,
豌豆也就中。
拿镰去割麦,
老了不能松。
场里只管打,
地里也要耕。
场内打光了,
地里也耕清。
好天要多摊,
场里净生生。
晒哩崩牙开,
麦牛①永不生。

---

① 麦牛:麦子生的虫子。

麦子收割毕,
晚秋要抢种。
适时播种好,
粮能增几成。
一连锄三遍,
有草也不生。
管秋又积肥,
劲头不能松。
粪沤哩烂臭,
地里虫不生。
白露节气到,
谷子黄腾腾。
大豆和玉米,
一齐把场登。
茬子腾出后,
准备把麦种。
底肥要多施,
土地要深耕。
深耕又细耙,
下实上边松。
秋分季节过,
赶快把耧动。
适时苗子壮,
晚了熟贪青。
寒露前后各十天,
抓紧时间不能松。
霜降季节到,

麦子要种清。
往后再种麦,
肥好多墒情。
缺少这两项,
收时不显功。
霜降过后刨红薯,
接着把地耕。
下雪能养墒,
又能冻死虫。
大雪过后冬至到,
地里活都干清。
老年围火炉,
壮年找营生。
能编搞编织,
纺织忙不停。
勤劳一年整,
福就在其中。

对板子

对、对、对板子,
俺家娶个花婶子,
模样好,手又巧,
两把剪子对着铰。
剪只桃儿桃有毛,
剪罢黄杏剪樱桃,

剪串葡萄甜又酸,
剪朵红花艳丹丹,
剪只蝴蝶飞上天。

口述人:王军梅,女,80岁,初中,郏县东街。
采录时间:2017年8月15日。

豆芽经

豆芽经,豆芽经,
一天三遍拿水冲。
冲哩豆芽歪着嘴,
冲哩豆芽就一腿。

口述人:朱玉仙,女,63岁,小学,郏县堂街宁庄村。
采录时间:2015年7月3日。

小蒜臼

小蒜臼,明光光,
先确①青椒后确姜。
确哩青椒辣素素儿,
确哩姜,味老香。

口述人:云茹,女,79岁,小学,郏县黄道王英沟村。
采录时间:2016年5月20日。

---

① 确:捣。

纺花车吱咛咛

纺花车,吱咛咛,
奶奶纺花不点灯。
盘住小脚坐到那儿,
一歇儿纺到大天明。

口述人:姚进,女,31岁,研究生,郏县城关镇。
采录时间:2017年6月。

小铲子剜野菜

小铲子,剜野菜,
我和弟弟比谁快。
你一篮儿我一篮儿,
背到集上去卖钱儿。

口述人:朱玉仙,女,63岁,小学,郏县堂街镇宁庄村。
采录时间:2015年7月3日。

仪式类 / 节令类

我给月奶奶把头磕

八月十五月儿圆,
柿子月饼摆满盘。
月奶奶,万万高,
王母娘在上往下瞧。
瞧见男男女女都来到,
香烟起,表灰儿落,
我给月奶奶把头磕。

天地众神管哩宽

天地众神管哩宽,
四面八方您照看。
孩子离家千里远,
辛辛苦苦去赚钱。
隔山隔水请照看,
俺给您磕头送金砖。

口述人:马秋云,女,55岁,初中,郏县堂街宁庄村。
采录时间:2017年8月19日。

十二生肖歌谣

小老鼠,站头排,

大个牛犊跟上来。
猛虎住在大森林,
兔子地里找白菜。
龙飞蛇跑尾巴摇,
马羊迈步把脚抬。
猴子戏闹摘桃子,
鸡唱歌儿天下白。
狗儿看家猪儿叫,
老鼠后边跟着来。
十二动物转圈跑,
请你来把顺序排。
子丑寅卯,
辰巳午未,
申酉戌亥。

二月二

二月二,
龙抬头,
大圈满,
小圈流。
丰收曲,
唱不够。

口述人:余荣木,男,66岁,初中,郏县堂街镇宁庄村。
采录时间:2015年7月3日。

看云彩

云彩往东下满坑,
云彩往南雨涟涟。
云彩往西披蓑衣,
云彩往北干研墨。

口述人:徐金花,女,69岁,小学,郏县牧工贸退休工。
采录时间:2009年7月8日。

二十四节气歌

春雨惊春清谷天,
夏满芒夏暑相连。
秋处露秋寒霜降,
冬雪雪冬小大寒。
一月二节不会变,
最多相差一两天。
上半年为六廿一,
下半年为八廿三。

口述人:王法堂,男,87岁,小学,郏县政法委干部,已故。
采录时间:2008年9月8日。
采录地:王法堂家中。

小 满

黄鹂鸟,枝头站,
小满小满直叫唤。
又割麦子又出蒜,

小满要是不出蒜,
大蒜小蒜地里烂。

口述人：王改琴，女，65岁，小学，郏县牧工贸退休职工。
采录时间：2009年3月26日。

春夏秋冬

春天到，桃花笑，
油菜花儿香，
麦苗长哩高。
夏天到，知了叫，
池塘荷花艳，
麦子丰收了。
秋天到，蟋蟀叫，
田野一片黄，
石榴咧嘴笑。
冬天到，雪花飘，
腊梅花儿开，
新年快来到。

婚礼歌

葱头搅疙瘩，
儿女一扑拉。
新媳妇吃饺子，
来年生个胖小子。

口述人：王月梅，女，84岁，小学，郏县二工局退休职工。
采录时间：2009年5月10日。

生　孩

一把花生一把枣，
小哩跟着大哩跑。
一年一，两年俩，
三年床上滚疙瘩。

口述人：王自行，男，41岁，大专，郏县县委宣传部干部。
采录时间：2017年8月。

铺床谣

一对核桃一对枣，
生对闺女生对小。
婆子铺新床，
生对状元郎。

梳头歌谣

（一）

劈头一木梳，
孩子一嘟噜。
梳梳鬓尖，
生仨秀才俩官儿。
梳梳耳根里，
生俩小闺女儿。

（二）

梳哩溜光，

生一大帮。

梳一圈儿，

生个大官。

梳梳鬟豁儿，

生一大窝。

梳梳汗绺，

生一大群。

口述人：王月梅，女，84岁，小学，郏县二工局退休职工。
采录时间：2009年5月10日。

求子谣

手拿棒槌打打床，

明年生个好儿郎。

这头爬爬喊声爹，

那头爬爬喊声娘。

口述人：徐金花，女，69岁，小学，郏县牧工贸退休工人。
采录时间：2009年10月10日。

送灯歌谣

我给新人来送灯，

进里屋门黑洞洞。

昨夜在家陪奶奶，

今黑①陪着奴相公。

口述人：杨秀枝，女，85岁，郏县茨芭镇许洼村。
采录时间：2016年5月4日。

摆供

大年五更心里净，
洗脸梳头去摆供。
金香炉，八仙桌，
红枣核桃和甜果，
全家老少把头磕。
年年都上俺家来。
保佑俺家喜事多。

口述人：王月梅，女，84岁，郏县二工局退休职工。
采录时间：2009年5月10日。

盼过年

二十三，祭灶官儿。
二十四，扫房子儿。
二十五，磨豆腐。
二十六，去割肉。
二十七，去杀鸡。
二十八，贴年画。
二十九，去买酒。
年三十，包扁食。

---

① 今黑：今天晚上。

大年初一，撅屁股作揖儿。

口述人：王会萍，女，65岁，高中，郏县科技局退休职工。
采录时间：2010年2月20日。

叫魂谣

（一）

床帮神，

床腿神，

小孩掉魂你给俺寻，

孩子回来了，

回来了。

口述人：王月梅，女，84岁，郏县二工局退休职工。
采录时间：2009年5月10日。

（二）

日头上东墙，

小孩回家找他娘。

孩子回来了，

回来了。

口述人：王会萍，女，65岁，高中，郏县科技局退休职工。
采录时间：2010年2月20日。

夜哭郎

天黄黄，地黄黄，

俺家有个夜哭郎，

走路君子念三遍，

一觉睡到大天亮。

口述人：马春青，女，51岁，高中，郏县长桥镇王凤梧村。
采录时间：2016年3月10日。

大瞎话

正月哩，正月正，
树枝儿不动刮大风。
二月哩，龙抬头，
老母猪下了一头牛。
三月哩，花儿红，
哑巴唱戏聋子听。
四月哩，鸟垒窝，
清早太阳落西坡。
五月哩，吃粽糕，
乐得奶奶胡子飘。
六月哩，热开锅，
套上老牛去拉车。

口述人：王荣先，女，72岁，郏县长桥许庙村。
采录时间：2017年8月。

九九歌

一九二九不出手，
三九四九冰上走。
五九六九大甩手，
七九八九顺河看柳。
九九杨落地，

十九杏花开。

口述人：王月梅，女，84岁，郏县二工局退休职工。
采录时间：2009年12月。

高高山上一头牛

高高山上一头牛，
两个犄角一个头。
四个蹄子分八瓣，
尾巴长在身后头。

口述人：余晓转，女，37岁，高中，郏县堂街宁庄村。
采录时间：2017年6月29日。

小白兔上南山

小白兔，上南山，
吃哩百样草，
屙哩丸子药，
听到枪声响，
藏在茅草窝。
树枝绊住腿儿，
嘴上划个豁儿。

十二月蔬菜歌

正月菠菜才发青，
二月栽上羊角葱，

三月芥菜出了土,
四月竹笋头发青,
五月黄瓜大街卖,
六月葫芦弯似弓,
七月茄子头朝下,
八月辣椒满枝红,
九月柿子红似火,
十月萝卜上秤称,
十一月白菜家家有,
腊月蒜苗绿莹莹。

口述人:云茹,女,79岁,小学,郏县黄道王英沟村。
采录时间:2017年4月25日。

祈雨歌

西方路上一棵松,
九枝九鸟九条龙。
一条白龙去起雾,
一条黑龙雾龙腾。
一条青龙去起雨,
一条黄龙去迎风。
清风细雨往下下,
地上下哩稀糊浓[①]。
青青禾苗往上长,
但愿五谷好收成。

---

① 稀糊浓:泥巴地。

圣公圣母两边坐，
龙王爷盘须坐当中。
男女老少齐跪下，
清茶素供祭神灵。

口述人：杨秀枝，女，85岁，郏县茨芭镇许洼村。
采录时间：2016年10月7日。

情歌类

石榴花瓣儿长

石榴花,瓣儿长,
掂米掂面想亲娘。
亲娘可不是那穷人家,
铁打的门楼石灰墙。
院里卧着金狮子,
屋里搁着那象牙床。
爹坐州,娘坐县,
哥哥当哩是大官。
周家闺女好打扮,
扎花裤腿小金莲。
放大脚,娘不叫,
缠小脚,走不动,
爹扶着,娘搀着,
官家院里寻水喝。
大官看见笑嘻嘻,
二官看见就想娶。
二官二官你别着急,
俺家还有俺娘哩,
娘呀娘!一闺女,
你舍哩,不舍哩?
一闺女,不舍哩,

俩闺女喽寻给你①。
二官二官你别着急,
俺家还有俺爹哩,
爹呀爹！一闺女,
你舍哩,不舍哩？
一闺女,不舍哩,
俩闺女喽寻给你。
二官二官你别着急,
俺家还有俺哥哩,
哥呀哥！一妹子儿,
你舍哩,不舍哩？
一妹子儿,不舍哩,
俩妹子儿喽寻给你。
二官二官你别着急,
俺家还有俺嫂哩,
嫂呀嫂！一妹子儿,
你舍哩,不舍哩？
俺嫂说：四两金,四两银,
打发妹子儿快出门。
妹妹上轿走,
爹也哭,娘也哭,
女婿下轿劝丈母。
丈人爹,丈母娘,
恁闺女搁俺家是享福哩,
想戴花,满头插,

---

① 寻给你：嫁给你。

想吃瓜子成把抓,
打开抽屉,一碗鸡肉,
打开盒饭一碗鸡蛋,
打开箱,花衣裳,
打开柜,红绫被,
你看荣贵不荣贵。

口述人:宁花英,女,79 岁,郏县渣园乡王庄村。
采录时间:2017 年 9 月 20 日。

嫁个相公没多高

小枣树,弯弯腰,
嫁个相公没多高。
放在屋里怕老鼠,
放到院里怕鸡叨。
拚到河里去洗澡,
还怕河里麻虾咬。

口述人:李珍,女,53 岁,大专,郏县退休教师。
采录时间:2017 年 10 月 9 日。

尼姑经

一更哩小尼姑,
稳坐佛堂,
手拿着小木鱼,
泪水汪汪。
埋怨一声爹,
埋怨一声娘,

俺低下头仔细想，
不怨爹来不怨娘，
只怪哪算卦先生坏了心肠。
他说俺活不到八九岁，
老爹爹把孩儿舍在庙堂。
二更哩小尼姑，到了会上，
见多少姐和妹出入成双。
穿绿挂红人人可爱，
怀抈着小娇儿声声喊娘，
看过来都比俺出家人强。
三更哩小尼姑，正睡蒙眬，
庙堂外走进来一个书生，
上前去拉住他哩袍和袖，
来来来随俺到禅屏后，
听俺小尼姑诉说怨情。
风刮钟铃响，
风吹响铃动，
小尼姑醒来一场空。
四更哩小尼姑，眼泪稀稀，
天上月亮大倒西，
念一声阿弥观世音，
保佑奴哩身，
保佑奴快配好郎君。

口述人：耿敏，女，72岁，郏县长桥。
采录时间：2017年8月11日。

人家疼妻俺疼郎

情哥跟俺隔道墙,
顿顿吃饭他来望。
吃个蚂蚱留条腿,
吃个鸡蛋你吃黄。
哥呀哥,郎呀郎,
人家疼妻俺疼郎。

口述人:王月梅,女,84岁,郏县二工局退休职工。
采录时间:2008年9月8日。

小枣树弯弯枝儿

小枣树弯弯枝儿,
树上坐个小闺女儿。
想吃桃,桃有毛。
想吃杏,杏老酸,
想吃果子面旦旦,
想吃烙馍到河南。
河南闺女好打扮,
梳油头,搽粉面。
扑拉裤腿儿小金莲

口述人:黄树岺,女,57岁,郏县烟草局退休干部。
采录时间:2016年6月23日。

刮大风搂豆叶

刮大风,搂豆叶,

一搂搂个花大姐儿。
给个银墩你歇歇,
伸出金莲我捏捏。
俺一捏,你一蜷,
恁大闺女不使玩。

口述人：吴付欣,女,63岁,高中,郏县档案局干部。
采录时间：2016年7月10日。

一小孩扡篮杏

一小孩,扡篮杏,
叫我吃个吧？老牙硬。
后头跟哩谁？
那是俺媳妇。
长哩怪好看,
那是俺哩命。

口述人：王国田,男,65岁,高中,郏县人大退休干部。
采录时间：2017年9月。

天上下雨地上流

天上下雨地上流,
小两口打架不记仇。
白天吃哩一锅饭,
夜里枕哩一枕头。

口述人：徐金花,女,69岁,郏县牧工贸退休工人。
采录时间：2009年10月10日。

走一步扭一扭

走一步,一回头,
看看奴哩那一口。
那一口,里外瞅,
谁把你哩魂勾走?

口述人:王月梅,女,84岁,郏县二工局退休职工。
采录时间:2010年7月5日。

高高山上好晴天

高高山上好晴天,
哥家天天冒青烟。
啥时能到哥家去,
粗茶淡饭心里甜。

口述人:王会萍,女,65岁,高中,郏县科技局退休职工。
采录时间:2010年2月20日。

挖　藕

妹妹十七哥十九,
二人池塘去挖藕。
哥说藕断丝不断,
妹说永远不分手。
哥二十来妹十八,
二人对天把誓发。
哥有外心遭雷劈,
妹有外心遭刀杀。

哥和妹子门对门，
眼看妹妹长成人。
一顶花轿抬妹走，
哥妹伤心把泪流。

菊花儿开

菊花菊花朵朵开，
哥哥请俺楼上来。
楼台不是妹坐哩，
庄稼活儿是你哩，
做饭洗衣是我哩。

口述人：吴付欣，女，63岁，高中，郏县档案局干部。
采录时间：2016年7月10日。

怨恨歌

爹呀爹，娘呀娘，
您俩咋就没主张，
俺跟二哥正相当，
咋还不给做嫁妆。

口述人：王月梅，女，84岁，郏县二工局退休职工。
采录时间：2010年7月5日。

情哥给我赶牲口

哥哥走，妹也走，

情哥给我赶牲口,

一直赶到白发染了头。

哥哥停下来,

买块肥猪肉,

哥一口,妹一口,

香味留在妹心头。

口述人:杨彩霞,女,64岁,高中,郏县卫校退休干部。
采录时间:2015年9月6日。

黄瓜绿

黄瓜绿①,绿哩黄,

这枝蹦到那枝上。

不想爹,不想娘,

只想花妮坐花床。

口述人:王志,男,40岁,郏县交通局干部。
采录时间:2017年11月12日。

---

① 黄瓜绿:黄鹂鸟。

生活类

擀面条

和哩面，砖头蛋，
拿起擀杖一大片。
拿起刀，柳叶面，
下到锅里团团转。
长点葱，长点蒜，
老婆子吃了好出汗。

口述人：孙桂梅，女，91岁，郏县广阔天地乡大程庄村。
采录时间：2016年8月15日。

红日头渐渐高

红日头，渐渐高，
俺娘有病我心焦。
兜一封果子去瞧瞧，
俺爹听说闺女来，
反穿着皮袄踢拉鞋。
俺娘听说闺女来，
扑拉裤腿鲜（xiè）着怀①。
俺哥听说妹子来，
夹着书本下学来。

---

① 鲜着怀：衣服不系扣。

俺嫂听说妹子来,
端着活筐出门来。
嫂呀嫂你别吓慌,
我今儿个到恁家里来,
不吃您哩茶,
不吃您哩酒,
朝朝① 爹娘俺都走。
爹死喽俺抬食盒,
娘死喽俺炸油馍,
哥死喽俺去烧纸,
嫂死喽俺来瞅瞅。

口述人:宁花英,女,79 岁,郏县渣园乡王庄村。
采录时间:2017 年 9 月 20 日。

清早起来一溜忙

清早起来一溜忙,
慌慌张张进厨房。
做着饭,说着经,
老天爷听哩喜盈盈。
抓把绿豆锅里扔,
一家吃了没灾星。

---

① 朝朝:看看。

一把扫帚四毛长

一把扫帚四毛长，
这个老婆好烧香。
闺女听说娘烧香，
做对新鞋娘穿上。
孩子听说娘烧香，
慌忙就把马备上。
老头听说老婆去烧香，
顺手掏出票儿[①]两张。
骑着马，到庙堂，
先买黄表后买香。
剩下零钱喝碗汤，
保护身体老健康。

口述人：云茹，女，79岁，小学，郏县黄道王英沟村。
采录时间：2017年10月19日。

蚊子和苍蝇

天空蓝，太阳红，
小蜘蛛，坐网中。
苍蝇飞来嗡嗡嗡，
这个银线伞，
处处都是空。
蚊子飞来嗡嗡嗡，

---

① 票儿：钞票。

这个八卦篷，
处处都透风。
小蜘蛛，笑吟吟，
蚊弟弟，蝇老兄，
这是安乐宫，
也叫仙人洞。
宫里筑轨道，
处处路都通。
宫里有美味，
请快飞进宫。
蚊子苍蝇兴冲冲，
扇扇翅膀飞进宫。
身子粘在银网上，
好比关在牢房中。
一个急得嗡嗡叫，
一个急得乱嗡嗡。
蜘蛛一旁开口道，
傻蚊子，笨苍蝇。
不要叫，不要动，
我要消灭你们这些害人虫。

口述人：吴瑞芳，女，31岁，大专，郏县新世纪小学教师。
采录时间：2016年7月8日。

提着馍篮看干娘

月奶奶，笑嘻嘻，
开开屋门来洗衣。

洗哩净，浆哩光，
小弟弟，穿身上，
扢（kuǎi）着馍篮看干娘。

口述人：王改琴，女，65岁，小学，郏县牧工贸退休职工。
采录时间：2010年3月7日。

月亮走我也走

月亮走，我也走，
我给月亮赶牲口。
一赶赶到庙后头
庙后头有棵石榴树，
石榴树上卧斑鸠。
斑鸠斑鸠你吃啥饭？
臊子面条肉浇头。
谁擀哩？孩她娘，
谁烧火？孩她婆。
谁剥葱？小蜜蜂，
嗯啊嗯啊老好听。

口述人：宁花英，女，79岁，郏县渣园乡王庄村。
采录时间：2017年9月20日。

驴娃毛衣黑咚咚

驴娃毛衣黑咚咚，
驴娃吃菜圪嘣嘣。
套上磨，一溜风，
拉着磨盘呼隆隆。

磨哩面,白生生,
蒸哩馍,虚腾腾,
吃到肚里饱噔噔。

口述人:朱玉仙,女,63 岁,小学,郏县堂街宁庄村。
采录时间:2015 年 7 月 3 日。

小孩快出来

小孩小孩快出来,
咱们一起上高台。
高台高,磨大刀,
大刀快,切白菜。
白菜长,杀只羊,
羊不走,杀条狗。
小狗哭,杀头猪,
猪肉香,换衣裳。
送给奶奶尝一尝。

小花狗你看家

小花狗,你看家,
我往东地摘棉花。
二亩棉花没摘了,
听见小狗汪汪叫。
问声小狗叫啥哩?
两个媒人来到了。
问问媒人来干啥?

大姐二姐说婆家。
二姐不够十五六,
大姐不够十七八。
绫子绣鞋不会纳,
段子绣鞋纳圪垯。
端住金盆去洗脸,
端上银盆去和面。
和哩面,砖头蛋,
拿起擀杖一大片。
拿刀切,像丝线,
下到锅里堂堂转。
盛到碗里莲花转,
黑漆桌子红条盘。
打发媒人吃吃饭,
再问媒人住几天?

口述人:杨秀枝,女,85岁,郏县茨芭镇许洼村。
采录时间:2016年9月8日。

上下眼皮光打架

月儿圆圆天上挂,
后娘叫俺去纺花。
一纺纺到二更半,
手也酸来腿也麻。
上下眼皮光打架,
亲娘亲娘你在哪?

口述人:王月梅,女,84岁,郏县二工局退休职工。
采录时间:2010年7月5日。

葱花油馍喷喷香

葱花油馍喷喷香,
汗水换来粮满仓。
家有余粮咱胆大,
扁食捞面鸡蛋汤。
吃哩好,穿哩光,
孩子个个上学堂。

口述人:朱玉仙,女,63岁,小学,郏县堂街宁庄村。
采录时间:2015年7月3日。

银元多了怕蹚将

远处怕水,
近处怕鬼,
银元多了,
怕蹚将[①],
元宝多了,
怕兵抢。

口述人:王月梅,女,84岁,郏县二工局退休职工。
采录时间:2012年6月16日。

落花生饱堆堆儿

落花生饱堆堆儿,
去外婆家住一春儿。

---

① 蹚将:土匪。

大舅看见也怪好，
二舅看见也怪亲。
妗子看见翻一眼，
妗子妗子你别看。
俺走哩，上哪去？
上南山，山里有石头，
河里走，河里有泥鳅。
大哩抓不住，
小哩乱出溜。

口述人：杨秀枝，女，85岁，郏县茨芭镇许洼村。
采录时间：2017年3月8日。

桃花红杏花圆

桃花红，杏花圆，
绿花裤腿配金莲。
骑着马，拿上鞭，
来到娘家住几天。
大嫂慌哩拦住马，
二嫂慌哩接过鞭。
三嫂拿来红绫被，
四嫂打发妹妹睡。

月亮出来照高楼

月亮出来照高楼，
穷人翻身要自由。

仔细想想真难受,
财主住的是高楼。
穷人住的破檐头,
进门弯腰又低头。
财主吃哩酒肉菜,
穷人吃哩窝窝头。
财主门前拴骡马,
穷人门前光溜溜。

大闺女要出嫁

大闺女,要出嫁,
哭哭啼啼抱着妈。
咋走哩?坐轿子,
敲锣鼓,吹喇叭。
呜里哇!呜里哇!
闺女闺女你哭啥?
来年生个胖娃娃,
抱着娃娃回娘家。

后娘经

一棵白菜心里黄,
三生四岁没了娘。
离开俺娘我不怕,
就怕俺爹娶后娘。

后娘添个胖小子,
弟弟吃馍俺喝汤。
端起饭碗泪汪汪,
忽生①想起俺亲娘。

祈雨经

乌云来,白云风,
天上娘娘来打灯,
一打打到玉石坑。
玉石坑里三间房,
没有檐来也没梁。
里面坐个张玉皇,
玉皇爷爷开了腔,
天也旱,云也乱,
饿死人民来行善。
高高山上一棵松,
朝朝世世往上升。
一条黑龙盘似卧,
一条黄龙来请风,
一条青龙来吸水,
轻风细雨下不晴。

口述人:马秋云,女,55岁,初中,郏县堂街宁庄村。
采录时间:2017年10月20日。

---

① 忽生:突然。

包哩扁食两头尖

大年初一头一天,
包哩扁食①两头尖。
下到锅里团团转,
金勺盛,银碗端。
端到院里敬老天,
敬哩老天怪喜欢,
一年四季保平安。

口述人:余荣木,男,66 岁,初中,郏县堂街镇宁庄村。
采录时间:2015 年 7 月 3 日。

东南来了一对人

东南来了一对人,
慌慌张张进庙门。
进了庙门把头磕,
还请阎王您封我。
阎王说:
你在阳间行善多,
封你莲花盆里去坐着。
另一人看了心不忿儿②,
开口对着阎王说:
我看你阎王也有错,
俺俩一起进庙门,

---

① 扁食:饺子。
② 不忿儿:心中气不平。

为啥封她不封我。
阎王说：
你在阳间多行恶，
又打公来又骂婆。
左邻右舍搁隔不着，
封你高哩查芽树，
封你低哩滚油锅，
炸哩你两眼白瞪着。

拐棍歌

拐棍一，拐棍一，
这根拐棍真得力。
拐棍两，拐棍两，
这根拐棍根儿强。
拐棍三，拐棍三，
孙男嫡女不耐烦。
拐棍四，拐棍四，
媳妇眼中一根刺。
拐棍五，拐棍五，
想起年轻受哩苦。
拐棍六，拐棍六，
害怕银钱抓不够。
拐棍七，拐棍七，
肥田好地舍不得。
拐棍八，拐棍八，

想起当年纺棉花。
拐棍九，拐棍九，
装进灵堂钉住口。
拐棍十，拐棍十，
埋到地下永不提。

口述人：马秋云，女，55 岁，初中，郏县堂街宁庄村。
采录时间：2017 年 8 月 16 日。

争恁钱还恁钱

争①恁钱，还恁钱，
后地二亩沙枣园。
长成树，解成板，
搁到河里沤千年。
沤成铁，打把镰，
割圪针②，插路边，
挂羊毛，织成毡，
织成毡，卖成钱，
赶集买个大老犍。
大老犍，下牛犊，
牛犊卖了还你钱。

口述人：吴付欣，女，63 岁，高中，郏县档案局干部。
采录时间：2017 年 11 月 3 日。

---

① 争：欠账。
② 圪针：野枣树。

手扶花枝看牡丹

炒豆芽,好心焦,
进到经堂把香烧。
今天烧香俺最小,
俺把花瓶撞烂了。
南边走来一老翁,
拄着拐棍担着经。
问声老翁去哪里?
去龙花会上对花瓶。
金箍箍,银箍钉,
轱辘花瓶不漏风。
不得见,不得见,
花瓶送到堂屋间。
窗户关,门户严,
想看花瓶难上难。
想看花瓶也不难,
变只蜜蜂往里钻,
扶住花瓶看牡丹。
不得见,不得见,
花瓶送到后花园。
墙又高,看管严,
想看花瓶难上难。
想看花瓶也不难,
变只蝴蝶冲上天。
翻个跟斗落花园,
扶住花枝看牡丹。

不得见,不得见,
花瓶又送南海南。
四面靠水不靠山,
想看花瓶也不难。
变个艄公撑着船,
一撑撑到花瓶前,
手扶花枝看牡丹。

口述人:杨秀枝,女,85岁,郏县茨芭镇许洼村。
采录时间:2018年11月28日。

大个干娘

身有丈把高,
脚有扁担长。
上山踢死虎,
下山踢死狼。
要知俺是哪一个,
俺是卖油馍他老干娘。

口述人:王月梅,女,84岁,郏县二工局退休职工。
采录时间:2008年9月8日。

买个猴子翻跟斗

买个鸡子啄绿豆,
买个猴子翻跟斗。
一翻翻到屋里头,
看见嫂子花枕头。
嫂子拿个大长针,

　　　　　扎到你哩胳晃肢儿。

口述人：杨秀枝，女，85岁，郏县茨芭镇许洼村。
采录时间：2018年11月28日。

弟兄仁

　　　　弟兄仁，闹分家，
　　　　老爹气哩仰八叉。
　　　　大哥分了五亩地，
　　　　二哥分了两匹马。
　　　　剩下老三没啥分，
　　　　分个青头大蚂蚱，
　　　　蹦跶蹦跶一蹦跶。

口述人：王月梅，女，84岁，郏县二工局退休职工。
采录时间：2008年9月8日。

小老鼠上灯台

　　　　小老鼠，上灯台，
　　　　偷油吃，下不来。
　　　　喊小妞，抱猫来，
　　　　出律出律滚下来。

口述人：韩秀珍，女，84岁，黄道镇王英沟村。
采录时间：2016年5月20日。

屁是一只虎

　　　　屁是一只虎，

出门没人堵,
屁打山里过,
石头受了苦,
三百衙役去捉屁,
一下崩死一百五,
这一百五没崩死,
崩哩露着牙叉骨。

井里蛤蟆酱里蛆

井里蛤蟆,
酱里蛆,
一生都在自家哩,
冇有见过大天大地。

望乡台

三天上了望乡台,
望乡台上往下看,
跪了一片白皑皑,
大孩哭哩唉唉痛,
二孩哭哩痛唉唉,
面前哭死落花女,
孙子哭着要奶奶,
媳妇干吼不见泪,
左拜拜,右拜拜,

早死几年俺自在,
要不是邻居人笑话,
做对花花红绣鞋。

小蛤蟆

小蛤蟆,上莲蓬,
掉下来,得了病,
抬到家里不会动。
拨拨眼,睁不开,
拉拉腿,不动弹,
一家老少齐叫唤。

口述人:王月梅,女,84岁,郏县二工局退休职工。
采录时间:2015年2月14日。

芝麻秆

芝麻秆,落花碗,
花碗坐,狗推磨,
小花猫,拽柴火,
鸡子和面打了盆,
老鼠关门笑死人儿。

口述人:王月梅,女,84岁,郏县二工局退休职工。
采录时间:2008年9月8日。

俺爷娶个花奶奶

马齿菜,院里晒,
俺爷娶个花奶奶。
脚也大,嘴也歪,
爷爷气得总是害①。
奶奶奶奶你走吧,
俺爷好了你再来。

口述人:余荣木,男,66岁,初中,郏县堂街镇宁庄村。
采录时间:2015年7月3日。

小花鸡 脸皮薄

小花鸡,脸皮薄,
杀我不如杀那鹅。
小白鹅,脖子长,
杀我不如杀那羊。
小羊说:我四条腿往前走,
杀我不如杀那狗。
狗说:我看门辛苦嗓子哑,
杀我不如杀那马。
马说:我背上有鞍让你骑,
杀我不如杀那驴。
驴说:我一天磨了三斗谷,
杀我不如杀那猪。

---

① 害:有病。

猪说：我一天吃的都是糠，
一刀下去见阎王。

四只老鼠

四只老鼠抬花轿，
新娘是只小花猫。
黄狗带路汪汪叫，
一叫叫到城隍庙，
城隍老爷吓一跳。

口述人：王月梅，女，84岁，郏县二工局退休职工。
采录时间：2008年9月8日。

天没边

天没边，
地没沿儿，
老和尚冇有头发辫。

口述人：王月梅，女，84岁，郏县二工局退休职工。
采录时间：2008年9月8日。

菠菜叶　就地黄

菠菜叶，就地黄，
人家有娘她没娘。
整天跟着爹爹过，
害怕爹爹娶后娘。

后娘来了三年整，
生个小孩叫孟良。
黑了搂住孟良睡，
闺女夜里睡草房。

口述人：杨秀枝，女，85岁，郏县茨芭镇许洼村。
采录时间：2017年3月8日。

馋嘴老婆巴年下

大年初一头一天，
过了初二过初三。
过了十五没啥巴，
仰着驴脸去纺花。
忽生想起二月二，
一下笑哩仰八叉。

口述人：刘桂敏，女，56岁，高中，郏县劳动局退休干部。
采录时间：2017年9月21日。

四大慌张

雨拍场，狼追羊。
小孩掉井，火烧房。

四大轻松

正月十七，八月十六。
戏台扒了，闺女走后。

四大难听

打磨锅,驴叫唤。
猫头鹰笑,哭丧妇喊。

五大好听

撕绫子,打酒盅。
百灵鸟叫,新媳妇哼。
小孩叫娘头一声。

口述人:王荣先,女,72岁,郏县长桥许庙村。
采录时间:2017年8月1日。

四大黑

呼延庆,包文正。
卖煤的脖子,冒烟筒。

四大红

庙院门,杀狗盆。
初升日头,火烧云。

眼子不断头

河水淌淌流,

眼子不断头。
老哩捣怕啦,
小哩长大啦。

口述人:王法堂,男,87岁,初中,郏县政法委退休干部,已故。
采录时间:2009年2月20日。

请财神

初一五更大门开,
财神老爷请进来。
驴驮金,马驮银,
骡娃驮的聚宝盆。

口述人:杨秀枝,女,85岁,郏县茨芭镇许洼村。
采录时间:2017年3月8日。

小鲤鱼

小鲤鱼,困小坑,
摇摇摆摆不动星。
有朝一日炸雷响,
跳出龙门万万层。

怪　事

天上无云下大雨,
树梢不动刮怪风。
石磙刮倒转三转,

磨盘刮哩像烧饼。

豌豆角

豌豆角,两头翘,
当间盖个姑姑庙。
姑姑来烧香,
和尚来祷告。
木锨开莲花,
扫帚结樱桃。
你说奇妙不奇妙。

口述人:杨秀枝,女,85岁,郏县茨芭镇许洼村。
采录时间:2017年3月8日。

肚 疼

肚子疼,去大营,
大营有个好先生
掐哩掐,拧哩拧,
看你肚子疼不疼。

口述人:余荣木,男,66岁,初中,郏县堂街镇宁庄村。
采录时间:2016年8月27日。

不识货

小虫蛋儿①轱辘辘，
大哥二哥去买猪。
买头猪，不会哼，
大哥二哥去买葱。
买那葱，不中切，
大哥二哥去买铁。
买那铁，不中打，
大哥二哥去买马。
买那马，不中骑，
大哥二哥去买驴。
买那驴，不中套，
大哥二哥去买轿。
买那轿，不中坐，
大哥二哥不识货。

口述人：吴付欣，女，63岁，高中，郏县档案局干部。
采录时间：2017年7月3日。

猎户谣

天上看，满天星，
地上看，一个坑，
坑里看，有棵葱。
屋里看，一盏灯，

---

① 小虫蛋儿：麻雀蛋。

墙上看,有个钉,
钉上看,挂张弓。
弓上看,卧只鹰,
不好了,要刮风,
刮散了,满天星。
刮平了,地上坑,
刮倒了,坑里葱,
刮灭了,屋里灯。
刮掉了,墙上弓,
刮飞了,弓上鹰。

口述人:杨秀枝,女,85 岁,郏县茨芭镇许洼村。
采录时间:2016 年 10 月 19 日。

穷　歌

说是穷,道是穷,
腰里系(ji)根穷麻绳。
走哩慢了穷撵上,
走哩快了撵上穷。
不紧不慢掉穷坑,
左手按着穷蝎子。
右手按着穷马蜂,
蝎子蜇,马蜂拧,
蜇哩穷人不受用。

口述人:余荣木,男,66 岁,初中,郏县堂街镇宁庄村人。
采录时间:2016 年 8 月 27 日。

十棍儿歌

一棍儿一,蠓虫①儿飞,
蠓虫儿飞到蠓笼里。

两棍儿两,两棍儿两,
老鸹②追着咯嘣响。

三棍儿三,三棍儿三,
麻野雀儿③穿它娘哩黑布衫。

四棍儿四,四棍儿四,
穷人眼里有根刺儿。

五棍儿五,五棍儿五,
井里蛤蟆背它姑。
六棍儿六,六棍儿六,
长虫④吸住蛤蟆肉。
七棍儿七,七棍儿七,
鸽子撵着小虫儿⑤飞。
八棍儿八,八棍儿八,
鹌鹑叫唤苦抓抓。

---

① 蠓虫:小飞虫。
② 老鸹:乌鸦。
③ 麻衣雀儿:喜鹊。
④ 长虫:蛇。
⑤ 小虫儿:麻雀。

九棍儿九,九棍儿九,
光棍儿①不喝眼子酒。
十棍儿十,十棍儿十,
屎壳郎拱了一头泥儿。

口述人:朱玉仙,女,63岁,小学,郏县堂街宁庄村。
采录时间:2016年8月27日。

长工苦

吃在地,住在地,
累了一天没处去。
盖着天,铺着地,
呼噜呼噜睡觉去。

口述人:杨秀枝,女,85岁,郏县茨芭镇许洼村。
采录时间:2017年3月8日。

想上学

一更鼓儿彩,
娃娃好悲哀呀!
想起了不识字,
衬得那多无才。
埋怨声二爹娘,
将我一世来害。
二更鼓儿咚,
娃娃放怨声呀!

---

① 光棍儿:能人。

埋怨声二爹娘，
是个糊涂虫呀！
叫我一辈子，
落个目不识丁。
五更鼓儿亮，
爹娘变心肠呀！
买书又买笔，
送我上学堂。
努力苦用功，
才对起二老爹娘。

口述人：刘玉佩，女，74岁，高中，郏县退休教师。
采录时间：2017年8月16日。

穷人歌

清早①馍，俩人一，
晌午面条捞不着。
黑喽汤，照月亮，
小孩喝喝尿床上。
他娘扑扑嚓嚓两巴掌，
看你尿床不尿床。

口述人：王荣先，女，72岁，郏县长桥许庙村。
采录时间：2017年8月1日。

---

① 清早：早上。

富人穷人不一样

富人住的楼上楼，
穷人住的破崖头，
进门来弯腰低头。
富人吃哩鱼和肉，
穷人吃哩窝窝头，
稀糊涂还要断流。
富人穿哩绫罗缎，
穷人穿哩破袄头，
补补丁还要露肉。

口述人：刘玉佩，女，74 岁，高中，郏县退休教师。
采录时间：2017 年 8 月 16 日。

小白鸡

（一）

小白鸡，叨磨盘，
闺女出嫁娘作难。
爹也哭，娘也哭，
嫂子喜欢哩拍屁股。

口述人：朱玉仙，女，63 岁，小学，郏县堂街宁庄村。
采录时间：2016 年 8 月 27 日。

（二）

小白鸡，叨磨盘，
俺娘打我谁可怜。
白天打着拾柴火，

黑喽打着摸菱角。
菱角刺儿扎住脚,
冇有亲娘谁疼我。

口述人：李珍，女，53岁，大专，郏县退休教师。
采录时间：2017年10月9日。

报恩歌

小桃红，慢慢开，
俺是娘哩小乖乖。
吃娘奶，坐娘身，
做双鞋子报娘恩。

筷子经

一把筷子数十双，
一头圆来一头方。
闲了叫你上房坐，
忙了叫你坐桌上。
吃猪肉，拌凉菜，
扚豆腐，夹白菜。
红薯叶子荠荠菜，
说东经，道西经，
这才是那筷子经。

羊肉萝卜牛肉菜

羊肉萝卜牛肉菜,
猪肉文火加山楂。
杀鸡宰鸭先灌酒,
海带变软用醋拿。

口述人:刘桂敏,女,56岁,高中,郏县劳动局退休干部。
采录时间:2017年12月3日。

花喜鹊

麻野雀①,尾巴长,
娶了媳妇忘了娘。
媳妇抱到床头上,
亲娘扔到大路旁。
媳妇盖到被窝里,
亲娘扔到房坡上。

口述人:魏书占,男,80岁,大专,郏县总工会退休干部。
采录时间:2017年8月9日。

干活苦

累死累活,
不给地主干活。
割哩是小麦,
吃哩是红薯面馍。

---

① 麻野雀:喜鹊。

确①哩是蒜汁，
吃饭把盐咯。
我拿馍蘸蒜汁，
他拿两眼来瞪我。

口述人：朱玉仙，女，63岁，小学，郏县堂街宁庄村。
采录时间：2016年8月27日。

撵小虫儿

小虫儿②叼我一粒米，
一下撵了二十里。
要不是俺家忙，
一直撵到麦梢黄。
要不是俺家贴对子，
俺就撵它一辈子。

女人贵

女人贱，女人贱，
扛腰凹肚不好看。
女人贵，女人贵，
女人肚里出宝贝。
能出官，能出民，

---

① 确：捣。
② 小虫儿：麻雀。

还出光棍污浪神①。

口述人：王月梅，女，84 岁，郏县二工局退休职工。
采录时间：2015 年 2 月 14 日。

小白菜

小白菜，泪汪汪，
六七岁时死了娘。
跟着爹爹过日子，
就怕爹爹娶后娘。
爹娶后娘三年整，
生个弟弟比我强。
弟弟吃的白面条，
我就吃点稀菜汤。
弟弟穿的绫罗缎，
我穿的是破衣裳。
一日三餐伙房进，
不进伙房进磨房。
推磨推到二更天，
肚里没食心里慌。
哭天天不应呀，
哭地地不响。
无奈跑到娘坟上，
哭哭啼啼喊亲娘。
哭得我两眼流鲜血，

---

① 光棍污浪神：好吃懒做的人。

也不见娘亲应一腔。

口述人：马秋云，女，55 岁，初中，郏县堂街宁庄村。
采录时间：2017 年 10 月 20 日。

喔喔喔天明了

　　喔喔喔，天明了，
　　小桃红①，开红了。
　　爹一朵，娘一朵
　　剩下一朵喂鹦哥。
　　鹦哥喂哩会扫地，
　　一扫扫到南场里，
　　碰见一个卖糖哩。
　　卖啥糖？芝麻糖。
　　叫老爷，尝一尝。
　　粘住老爷嘴，
　　叫老爷喝口水。
　　粘住老爷牙，
　　叫老爷喝口茶。
　　卖糖哩，你走吧！
　　俺娘出来没好话。
　　高底鞋，牡丹花，
　　一脚踢你仰八叉。

口述人：王国田，65 岁，高中，郏县人大退休干部。
采录时间：2017 年 9 月 21 日。

---

① 小桃红：指甲花。

下窑苦

煤黑好心伤，
缺鞋少衣裳。
下的牛马力，
喝的稀菜汤。
窑洞湿又潮，
浑身生疥疮。

口述人：王会萍，女，65岁，高中，郏县科技局退休职工。
采录时间：2011年3月6日。

娶个媳妇卖砸炮

歪戴帽，狗材料儿，
娶个媳妇卖砸炮儿。
砸炮卖完了，
推上小车正南了，
媳妇不跟你玩了。

口述人：魏书占，80岁，大专，郏县总工会退休干部。
采录时间：2017年8月9日。

光光头

光光头，
打皮牛，
打一百，

不生虼蚤^①不生虱（方言念 shāi）。

口述人：孙桂梅，女，91 岁，郏县广阔天地乡大程庄村。
采录时间：2016 年 8 月 15 日。

筛筛罗罗

筛筛，罗罗，
杀小鸡烙油馍。
咯堆咯堆到灶火，
叫谁吃，孬蛋吃。
孬蛋会弄啥？
犁地打坷垃。

口述人：余荣木，男，66 岁，初中，郏县堂街镇宁庄村人。
采录时间：2016 年 8 月 27 日。

筛罗罗打面面

筛罗罗打面面，
俺问小哥吃啥饭？
擀面条，打鸡蛋，
呼噜呼噜两三碗。

口述人：李珍，女，53 岁，大专，郏县退休教师。
采录时间：2017 年 10 月 9 日。

---

① 虼蚤：跳蚤。

小女婿

一个大姐本姓康,
寻个女婿会尿床。
头更尿湿红绫被,
二更尿湿象牙床。
三更尿湿鸳鸯枕,
四更尿成大鱼塘。
等到五更天明了,
一下尿成浆洋子。
东院大娘来讨火,
挽起裤腿往里蹚。
蹚出鲤鱼八斤半,
蹚出麻虾背着枪。
蹚出老鳖没逮着,
跑到东海见龙王。

口述人:刘桂敏,女,56岁,高中,郏县劳动局退休干部。
采录时间:2017年12月3日。

有个小妮吃韭菜

有个小妮吃韭菜,
韭菜好辣,要吃黄瓜。
黄瓜青青,要吃油饼。
油饼喷香,要喝面汤。
面汤稀烂,要吃鸡蛋。
鸡蛋腥气,要吃公鸡。

公鸡有毛,要吃樱桃,
樱桃老酸,吃个栗子面丹丹。

口述人:魏书占,男,80 岁,大专,郏县总工会退休干部。
采录时间:2017 年 8 月 9 日。

蛤 蟆

一个蛤蟆来凫水,
一个脑袋一张嘴,
两只眼睛四条腿。
两只蛤蟆来凫水,
两个脑袋两张嘴,
四只眼睛八条腿。
三只蛤蟆来凫水,
三个脑袋三张嘴,
六只眼睛十二条腿。
四只蛤蟆来凫水,
四个脑袋四张嘴,
八只眼睛十六条腿。
很多蛤蟆来凫水,
很多脑袋很多嘴,
很多眼睛很多腿,
扑扑腾腾来凫水。

小闺女长大啦

小闺女,长大啦!

她哩娘也嫁啦。

嫁哪了？

嫁给张家磨道①了。

铺哩啥？铺哩地，

盖哩啥？盖哩天，

枕哩啥？老黄狗，

翻翻身，咬一口。

口述人：郭军爱，女，54岁，初中，郏县黄道王英沟村。
采录时间：2016年5月20日。

曲儿曲儿薄驴驹儿

曲儿曲儿薄（bō）驴驹儿②，

驴驹儿长大了。

他娘也嫁了，

嫁到哪儿？

嫁给张家哩水道眼儿。

铺哩啥？铺哩炉渣，

盖哩啥？盖哩簸箕，

枕哩啥？枕哩棒槌，

咕噜咕噜可咋睡？

口述人：刘桂敏，女，56岁，高中，郏县劳动局退休干部。
采录时间：2017年12月3日。

---

① 磨道：磨面的地方。
② 薄驴驹儿：生驴娃。

石沙头

石沙头,圆周周,
唱不起大戏玩捉猴。
买不起墩儿,坐石头,
割不起肉,逮泥鳅。

口述人:孙桂梅,女,91岁,郏县广阔天地乡大程庄村。
采录时间:2016年8月15日。

纺花车

纺花车,圆又圆,
纺斤花,两百钱。
买点油,称点盐,
一家吃着多具便①。

口述人:杨秀枝,女,85岁,郏县茨芭镇许洼村。
采录时间:2018年11月28日。

天晴出日头

天晴出日头,
下雨顺沟流。
人从桥上走,
水打桥下流。
麦子磨白面,
芝麻打香油。

---

① 具便:方便。

夜里关门睡，
门框在外头。
弯弓做犁耙，
听俺说哩大实话。

高高山上一棵桃

高高山上一棵桃，
大风刮来小风摇，
坏桃被风刮在地，
剩下好桃随你挑。

口述人：杨彩霞，女，64岁，高中，郏县卫校退休干部。
采录时间：2015年9月6日。

老天爷刮怪风

老天爷，刮怪风，
刮哩满天雾腾腾。
刮散了，天上星，
刮平了，地下坑。
刮乱了，营里兵，
刮飞了，船上鹰。
刮折了，院里葱，
刮掉了，墙上灯。
刮落了，钉上弓，
刮烂了，庙里钟。
刮倒了，山上松，

刮灭了，屋里灯。

星坑兵，鹰葱灯，

弓钟松，全都刮得无影踪。

口述人：孙桂梅，女，91岁，郏县广阔天地乡大程庄村。
采录时间：2016年8月15日。

一个石榴两个叶

一个石榴两个叶，

两个石榴对瓣结。

虽说不是亲姊妹，

俩人说话恁亲热，

好妹妹，亲姐姐，

拉住手儿你歇歇。

口述人：朱玉仙，女，63岁，小学，郏县堂街宁庄村。
采录时间：2016年8月27日。

瓜蒌蛋

瓜蒌蛋，就地生。

俺是舅家亲外甥。

舅家门外一堆灰，

开的花朵紫微微。

舅家门外一池塘，

开的花朵白琅琅。

大姐折，二姐戴，

三姐婆家送礼来。

十二头猪，十二头羊。

十二头狮子排两行。
头里抬着花花轿,
后头抬着顶子床。
顶子床上一碗油,
大姐二姐都抿头。
大姐抿的弹花机,
二姐抿的弹花楼。
剩下三姐没啥抿,
抿了个狮子滚绣球。
一滚滚到山后头,
堵住黄河不得流。

蚂蚱经

蚂蚱经,蚂蚱经,
蚂蚱本是土里生,
蚂蚱活了八个月,
一霜打哩直愣登。
蚂蚱经,蚂蚱经,
蚂蚱本是土里生,
青头蚂蚱有了病,
黄头蚂蚱请医生。
请来一只大黄蜂,
一针扎得直扑棱。
兔子跑着看茔地,
老鼠忙着打墓坑。

蚂蚁争着来抬重,
蚯蚓甘愿当麻绳。
老鸹①大哥来吊孝,
屎壳郎推蛋把馍蒸,
老扁担②哭哩两眼红,
麻唧了儿③哭哩不绝声。

南边有个院墙

南边有个院墙,
里头有一大娘。
大娘出来拜拜,
里头坐个秀才。
秀才出来作揖,
里头坐个公鸡儿。
公鸡儿出来打鸣,
里头爬出个小虫儿④。
小虫儿出来喳喳,
里头坐个蚂蚱。
蚂蚱出来蹦蹦,
里头坐个臭虫。
臭虫出来爬爬,

---

① 老鸹:乌鸦。
② 老扁担:长得细长的蚂蚱。
③ 麻唧了儿:蝉。
④ 小虫儿:麻雀。

那里种棵倭瓜①。
倭瓜切开没籽，
老婆气哩噘着嘴。

口述人：宁花英，女，79岁，郏县渣园乡王庄村。
采录时间：2017年9月20日。

小擀杖

小擀杖，细又长，
出溜出溜到南门儿。
南门儿有条老黄狗，
照你屁股咬一口。
用啥糊？用面糊，
糊个大肚银屁股。

口述人：郭军爱，女，54岁，初中，郏县黄道王英沟村。
采录时间：2016年5月20日。

小铜盆

小铜盆，调芹菜，
小两口吵架要分开。
你分你的花枕头，
我分我的花铺盖。
点着银灯你不睡，
吹了银灯你掉泪。

口述人：宁花英，女，79岁，郏县渣园乡王庄村。
采录时间：2017年9月20日。

---

① 倭瓜：南瓜。

针

大针儿小针儿绣花针儿,
还有纳鞋的好顶针儿。
快来挑呀快来拣,
好看便宜不显眼儿。

口述人:李珍,女,53岁,大专,郏县退休教师。
采录时间:2017年10月9日。

瞎话儿

瞎话瞎话,
一肚子两肋巴,
窗户台儿上种两亩芝麻,
赤肚孩儿摘两布袋。
瞎子看见了,
聋子听见了,
哑巴就喊,
瘸子就撵,
没胳膊就捞。

西山老母一只鸡

西山老母一只鸡,
见有客来泪歇歇,
知道待客要杀鸡,
鸡娃搂到翅膀底,

对着小鸡话依依,
可不是你娘活着哩!
找食别往远处去,
老鸹野雀吓着你,
可不是你娘活着哩!
黑喽你要早早睡,
清早你要晚起,
别叫黄鼠狼吃喽你,
可不是你娘活着哩!

口述人:赵松敏,女,54岁,高中,郏县退休教师。
采录时间:2018年9月6日。

哏哏嘎嘎

哏哏嘎嘎,好吃黄瓜,
黄瓜有水,好吃鸡腿。
鸡腿有毛,好吃鲜桃。
鲜桃有核,好吃牛犊,
牛犊撒欢,跑到天边。
天边有个花大哥,
腰里别个登登鼓,
手里拿一小铜锣。
敲一声,唱一声,
官家闺女都来听。
大闺女穿哩十样景,
二闺女穿哩毛大红,
掉下三闺女没啥穿,

穿她娘哩破布衫。
脚又大,嘴又歪,
走起路来哟唉唉。

口述人:刘桂敏,女,56岁,高中,郏县劳动局退休干部。
采录时间:2017年12月3日。

童养媳

童养媳,真是惨,
不叫吃来不叫穿。
婆婆一天打三遍,
不叫哭来不叫喊。

口述人:徐金花,女,69岁,小学,郏县牧工贸退休工人。
采录时间:2015年4月25日。

板凳摞摞

板凳板凳摞摞,
里头坐个大哥。
大哥出来买菜,
里头坐个奶奶。
奶奶出来烧香,
里头坐个姑娘。
姑娘地里逮蚂蚱,
里头坐个小娃娃。
娃娃出门掂瓦罐儿,
咔嚓一声摔两瓣儿。
你一瓣儿,我一瓣儿,

咱俩回家做豆馅儿。

口述人：王军梅，女，80岁，初中，郏县东街。
采录时间：2017年8月15日。

买鞭杆

买鞭杆，打流汗儿。
流汗儿长，打豆梁，
豆梁高，耍马刀，
马刀快，切青菜，
青菜青，切辣葱，
辣葱辣，切苦瓜，
苦瓜苦，切豆腐，
豆腐甜，抓把盐。
谁家的堂屋一丈高，
牵着小马过一遭。

口述人：赵松敏，女，54岁，高中，郏县退休教师。
采录时间：2018年9月6日。

啃瓜皮

下渣皮[①]，啃瓜皮，
瓜皮壳篓是恁姨，
你吃瓜，恁姨看，
恁姨急哩一头汗。

口述人：王改琴，女，65岁，小学，郏县牧工贸退休职工。
采录时间：2010年3月7日。

---

① 下渣皮：馋嘴巴。

小巴狗

小巴狗,上大路,
大路窄,喊大伯,
大伯在家缝口袋。
喊二伯,
二伯在家磨大麦。
喊婶子,
婶子在家磨粉子。
喊奶奶,
奶奶在家做花鞋。
喊他娘,
他娘在家做衣裳,
衣裳做哩好,
送给你二斤核桃三斤枣。

口述人:赵松敏,女,54岁,高中,郏县体校退休教师。
采录时间:2018年9月6日。

猫猫眼

猫猫眼不大点儿,
生个孩子两只眼儿,
又会走,又会喊儿,
喊得奶奶好喜欢,
抱住孩子亲一口,
兜里掏出两铜钱儿,
快去买一冰糖块儿。

口述人：王会萍，女，65岁，高中，郏县科技局退休职工。
采录时间：2015年7月29日。

大实话

天晴出日头，
下雨地下流，
人在桥上走，
水在桥下流，
小麦磨白面，
芝麻打香油。

口述人：宁花英，女，77岁，郏县渣园乡王庄村。
采录时间：2017年9月20日。

出门没钱

猫猫眼，点三点，
出远门，没盘缠，
卖只公鸡不划算，
卖只母鸡会下蛋，
卖孩子害怕到老没人管，
卖老婆半夜黑地睡不着。

口述人：余荣木，男，66岁，初中，郏县堂街镇宁庄村人。
采录时间：2016年8月27日。

瞌睡虫

瞌睡虫，瞌睡虫儿，

瞌睡上来不由人儿。
打发公婆楼上睡,
呼噜呼噜到天明。

给她摘俩大西瓜

逮鱼跳到河里头,
逮条小鱼喂斑鸠,
斑鸠吃了叫咕咕,
秫秫①地里种葫芦,
今年雨水大,
冲倒了葫芦架,
碎了葫芦折了秧,
二姑来要瓢,
看你给她啥,
嘻嘻嘻,哈哈哈,
给她摘俩大西瓜。

口述人:赵松敏,女,54 岁,高中,郏县体校退休教师。
采录时间:2018 年 9 月 6 日。

宽袖子窄袖子

一只袖子尺把宽,
一只袖子三寸三。
袖子窄哩,

---

① 秫秫:玉米。

地里干活怪利索。
袖子宽哩,
赶集赶会买蒸馍。
别叫你娘看见了,
看见她可不依我。

口述人:王月梅,女,84岁,郏县二工局退休职工。
采录时间:2015年2月14日。

懒媳妇

纺花车,搅得圆,
铁打锭子蜡打弦,
一天纺一尺,
十天盖顶心,
三十天纺哩鸡蛋大,
一年纺个大布衫。
这是你哩福,
也是你哩命,
还叫俺使哩一身病。
往后去,
多吃饭少干活,
要是奴家使死了,
俺的孩子谁养活?
天天韭菜炒鸡蛋,
卷饹馍能吃四五个,
看俺快活不快活。

口述人:杨彩霞,女,64岁,高中,郏县卫校退休干部。
采录时间:2015年9月6日。

正月十五闹花灯

年年有个正月正,
正月十五闹花灯。
有福哩,你炸开,
没有福哩你别动。

口述人:吴付欣,63 岁,高中,郏县档案局干部。
采录时间:2018 年 4 月 5 日。

井里蛤蟆吸乌梢

颠倒话,话颠倒,
井里蛤蟆吸乌梢①。
蚂蚁背头黄牛犊,
尖嘴老鼠咬狸猫。

口述人:王月梅,女,84 岁,郏县二工局退休职工。
采录时间:2016 年 3 月 3 日。

从前有座山

从前有座山,
山里有个庙,
庙里有个锅,
锅里有个盆,
盆里有个碗,
碗里有个包子,

---

① 乌梢:大蟒蛇。

我吃了你馋了，
我的故事讲完了。

口述人：高雅，女，22岁，初中，郏县岁薛店镇后冢王西村。
采录时间：2017 年 9 月 26 日。

槐树槐

槐树槐，槐树槐，
槐树底下搭戏台。
人家闺女都来看，
俺家闺女咋不来。
想啊想，看啊看，
俺家闺女在那边，
骑着毛驴打着伞，
穿着花衣绾着簪。

口述人：杨彩霞，女，64岁，高中，郏县卫校退休干部。
采录时间：2017 年 7 月 11 日。

摘石榴

走一沟，又一沟，
沟沟地里好石榴。
有心给你摘个吃，
怕你吃了好胃口。
下次怕你还来偷。

葫 芦

葫芦搭起葫芦棚,
葫芦架下葫芦行,
葫芦碰住葫芦响,
葫芦不疼葫芦疼。

口述人:王月梅,女,84岁,郏县二工局退休职工。
采录时间:2016年3月3日。

赖账谣

柏叶落,
柳叶圆,
鸡子尿尿还你钱。

口述人:王会萍,女,65岁,高中,郏县科技局退休职工。
采录时间:2015年7月29日。

棠梨树

棠梨树,棠梨棠,
棠梨树上盖新房。
三间房子木盖起,
婆家看好二十一。
爹也哭,娘也哭,
俺哥乐得拍屁股。
嫂子乐得吹夜壶,
呜嘟嘟!呜嘟嘟!

口述人:刘桂敏,女,56岁,高中,郏县劳动局退休干部。

采录时间：2017年12月3日。

我和姐姐一般高

荠荠菜，水上漂，
我和姐姐一般高。
姐姐出门坐花轿，
俺在家里把水挑。
桑木钩担柏木桶，
今儿挑明儿挑累断腰。
气得俺把钩担撂，
去到婆家瞧一瞧。

口述人：余晓转，女，37岁，高中，郏县堂街宁庄村。
采录时间：2015年6月29日。

长工恨

你哄我肚皮，
我哄你地皮。
庄稼不收成，
怨你龟孙哩运气。

口述人：余荣木，男，66岁，初中，郏县堂街镇宁庄村人。
采录时间：2016年8月27日。

娘打闺女谁可怜

井里开花骨朵圆，
娘打闺女谁可怜。

你咋不打俺哥哩?
俺哥会给你挣钱。
我是你家一朵花,
早早晚晚离你家。

口述人:黄树岑,女,57岁,郏县烟草局退休干部。
采录时间:2016年6月23日。

小花碗

小花碗,圪篓着,
今年不胜年时儿个①。
去年在家靠父母,
今年跟着二公婆。
做好饭,他们吃,
我在门后立站着。
踮踮脚,瞧一瞧,
看见娘家柳树梢。
柳树梢上鹦哥叫,
闺女想娘谁知道?
娘想闺女哥来叫。

口述人:黄树岑,女,57岁,郏县烟草局退休干部。
采录时间:2018年4月27日。

小徒弟

徒弟,徒弟,

---

① 年时儿个:去年。

三年奴隶，

吃不完的剩饭，

受不完的有趣。

口述人：王月梅，女，84岁，郏县二工局退休职工。
采录时间：2016年3月3日。

山老鸹[①]

山老鸹，黑咚咚，

我上舅家住一冬。

姥娘看见怪喜欢，

妗子见了瞅一瞅。

妗子妗子你别瞅，

豌豆开花俺就走。

俺没爹，又没娘，

扳住小脚哭一场。

口述人：杨秀枝，女，85岁，郏县茨芭镇许洼村。
采录时间：2018年12月28日。

小孩哭着喊他大

一二三四五，

金木水火土，

天地分上下，

日月多辛苦。

六七八九十，

---

① 老鸹：乌鸦。

年下吃扁食。
扁食①粘住牙,
小孩哭着喊他大。

口述人:王改琴,女,65岁,小学,郏县牧工贸退休职工。
采录时间:2010年3月7日。

不动烟火喝滚茶

十五岁女孩要出嫁,
对门大嫂来劝她。
恁爹给你找个好婆家,
有楼有车又有马。
又有相公配奴家,
不要楼,不要马,
不要相公配奴家。
开开庙门是我家,
不动烟火喝滚茶。

口述人:杨秀枝,女,85岁,郏县茨芭镇许洼村。
采录时间:2017年9月11日。

小粉盒支棱着

小粉盒,支棱着,
今年不胜年时儿个②。
年梢儿跟着爹娘过,

---

① 扁食:饺子。
② 年时儿个:去年。

今儿个跟着二公婆。
晌午做饭不叫吃,
俺到井边打水喝。
弯弯腰,直直腰,
看见娘家柳树梢。
闺女想娘谁知道,
娘想闺女哥来叫,
骑白马,配红鞍。
不大一会儿到门前,
俺进屋哩把衣换。
穿红衫,披花肩,
不大一会儿拾掇完。
问问公婆住几天?
天也冷,路又远,
多说三天转回还。
骑上马,握住鞭,
不大一会儿到门前。
大嫂慌哩迎住马,
二嫂慌哩接住鞭,
三嫂慌哩搬椅子,
四嫂慌哩往下搀,
五嫂烧茶六嫂端,
七嫂烙馍八嫂翻,
九嫂挟个红绫被,
十嫂说请小姑你先睡。

口述人:杨彩霞,女;李国挺,男,高中,郏县卫校退休干部。
采录时间:2017年7月11日。

小白鸡抱柴火

小白鸡,抱柴火,
一抱抱了一大垛。
跟爹说,爹吵我,
跟娘说,娘打我。
后奶奶,不拉我,
圪圪堆堆气死我。

口述人:王楚循,女,14岁,郏县第二高中。
采录时间:2018年8月29日。

小妞妞摘豌豆

小妞妞,摘豌豆,
摘了回来喂小牛。
小牛喂哩会撒花儿,
一撒撒到南边。
南边有一井,
井里有一桶,
桶里有一盆,
盆里有一石头蛋,
砸住妞妞屁股蛋儿。

口述人:李原静,女,38岁,郏县城关西街。
采录时间:2017年7月9日。

懒老婆

东院跑,西院坐,

俺给你说说懒老婆。
人家让我吃块馍，
又称嫂子又称哥。
人家不叫我吃块馍，
屁股一掉嘴噘着。
孩子扔到东院里，
回家咱也烙油馍。
伸手掬了两瓢面，
井水兑了一桶多。
这一搓，那一搓，
搓了三个小卷卷儿。
扔到簸箕里凉着，
生不生来熟不熟，
孩子吃了挺在床上呼唉哟！
两口吓哩慌了脚，
西庄请先生东庄请神婆。
先生神婆没请到，
孩子挺在床上还是呼唉哟！
大屁放了三千整，
小屁放了二千多。
放了一个拐弯屁，
驹驹龙龙到灶火，
油罐盐罐都崩破，
老灶爷吓哩顶口锅。

口述人：朱玉仙，女，63岁，小学，郏县堂街宁庄村。
采录时间：2016年8月27日。

这儿一拍那儿一拍

这儿一拍,
那儿一拍,
拍出三个小乖乖。
大孩儿会吹笙,
二孩儿会摸牌。
就说三孩儿怪勤快,
好到地里种白菜。

口述人:王葵花,女,60岁,高中,郏县退休教师。
采录时间:2016年5月12日。

一孤独儿蒜

一孤独蒜,掰两瓣儿,
爹姓张,娘姓单。
闺女嫁到唐河县。
爹也哭,娘也哭,
嫂子搁后头拍屁股。

口述人:刘桂敏,女,56岁,高中,郏县劳动退休干部。
采录时间:2018年11月11日。

咯咯咯天明了

咯咯咯,天明了,
一朵菊花开成了。
爹一朵,娘一朵,
剩下一朵喂鹦哥儿。

喂哩鹦哥儿会扫地,
一下扫到南场去。
南场有个卖糖哩,
啥糖？芝麻糖。
掐一点俺尝尝,
回家给你掐芝麻,
俺娘打我两耳巴。
回家给你掐秋秋,
俺娘打我两笤帚,
回家给你掐豌豆,
俺娘打我两砖头。
卖糖哩，你走吧,
俺娘出来没好话,
一脚踢你仰八叉。

口述人：吴付欣，女，63岁，高中，郏县档案局干部。
采录时间：2018年4月5日。

小白鸽搂柴火

小白鸽，搂柴火,
一下儿搂了一大垛。
回家烧火烙油馍,
猫一个，狗一个,
到我跟该儿①冇有一②,

---

① 跟该儿：跟前。
② 冇有一：没有一个。

咯噔咯噔气死我。

口述人：黄树岑，女，57岁，郏县烟草局退休干部。
采录时间：2018年4月27日。

买点包子过过年儿

小白鸡儿挠墙根儿，
一天挠了一把落花生。
叫爹吃，爹不吃，
叫娘吃，娘不吃。
跑到会上卖俩钱儿，
买点包子过过年儿。

口述人：朱玉仙，女，63岁，小学，郏县堂街宁庄村。
采录时间：2016年8月27日。

日头出来一杆红

日头出来一杆红，
青头蚂蚱得下病。
红头蚂蚱请先生，
东庄请来麦大夫，
西庄请来大臭虫，
麦大夫说：这病不好看，
大臭虫说：这病活不成。
蛐蛐儿①听说哭表弟，

---

① 蛐蛐儿：蟋蟀。

蛐子儿①听说哭表兄。
蜘蛛慌哩吐着丝丝盖灵棚，
蜜蜂慌哩吹笛子，
蚊子慌哩嗡啊嗡。
土跏子慌哩去磨面，
屎壳郎慌哩推着蛋儿把馍蒸。
二十四只蚂蚁慌哩抬着埋，
遇见蝼蛄吃哩净。

口述人：黄树岑，女，57岁，郏县烟草局退休干部。
采录时间：2018年4月27日。

小猫娃儿跑哩快

小猫娃儿跑哩快，
擦擦桌子四盘菜。
你一盅，我一盅，
咱俩喝酒拜弟兄。

口述人：余荣木，男，66岁，初中，郏县堂街镇宁庄村。
采录时间：2016年8月27日。

小蚂蚱一身黄

小蚂蚱，一身黄，
蹦蹦跳跳过时光。
饥了吃哩咯嘣草，
渴了喝哩露水汤。

---

① 蛐子儿：蝈蝈。

刮风下雨都不怕,
就怕秋后一场霜。
一场霜打哩没奈何,
豆叶底下把身藏。

口述人：王秋霞，女，47 岁，初中，郏县薛店镇后冢王西。
采录时间：2017 年 10 月 20 日。

清早起来去放马

清早①起来去放马,
一放放到白草洼。
白草圪垯拴住马,
搬一石头我睡下。
睡醒了马跑了,
一跑跑到丈人家。
大姨子出来不认哩,
二姨子出来上家拉。
拉拉扯，扯扯拉,
拉拉扯扯让到家。
大妗子慌哩去掏火,
二妗子慌哩去倒茶。
吸着烟喝着茶,
两眼冇事四处撒。
东一撒西一撒,
隔着玻璃看见她。

---

① 清早：早上。

梳油头戴红花，
满手戒指呼啦啦。
我吃了饭要回家，
南河二亩斜坡地，
写个文书卖了它。
东庄请架鼓，
西庄订嘀嗒。
嘀嘀嗒，娶回家，
嗒嘀嘀，俺娶屋里。

口述人：杨秀枝，女，85岁，郏县茨芭镇许洼村人。
采录时间：2018年11月28日。

劝世类

百麦不成面

百麦不成面,
百米不成饭。
一顿省一把,
一年省下两车瓦。
一年不吃长锅豆,
三年盖个瓦门楼。

口述人:杨秀枝,女,85岁,郏县茨芭镇许洼村。
采录时间:2018年11月28日。

月奶奶明晃晃

月奶奶,明晃晃,
开开后门洗衣裳。
洗哩净,浆哩光,
打发哥哥上学堂。
读私塾,念文章,
红旗插到俺门上。
你看荣光不荣光,
你看排场不排场。

口述人:刘玉佩,女,74岁,郏县退休教师。
采录时间:2017年8月16日。

小孩哭　打屁股

小孩哭，打屁股，

小孩笑，坐花轿，

小孩睡，盖花被，

小孩醒，吃油饼，

小孩跑，叫花猫，

花猫追着老鼠跑。

口述人：马秋云，女，55岁，初中，郏县堂街宁庄村。
采录时间：2017年10月20日。

滴溜滴溜转三圈儿

哏哏嘎嘎，想吃黄瓜，

黄瓜有籽儿，想吃鸡腿儿。

鸡腿有毛想吃酸枣儿，

酸枣有核想吃牛犊。

牛犊撒欢跑到天边儿，

天边有井井里有桶，

桶里有碗碗里有个圈儿，

套住他哩鼻疙瘩儿[①]，

滴溜滴溜转三圈儿。

口述人：吴付欣，女，63岁，高中，郏县档案局干部。
采录时间：2018年4月5日。

---

① 鼻疙瘩儿：鼻子。

一块豆腐四角齐

一块豆腐四角齐,
大鱼大肉摆好席。
你吃你哩喷喷香,
俺吃素哩下西去。
西方门前一条河,
一对鸭娃一对鹅。
年老哩,头枕花船笑呵呵,
年少人,头枕花船哭嗦嗦。
阎王问你哭啥哩?
俺四件大事没办妥,
爹娘跟前没行孝,
公婆跟前没得力,
闺女没有出门走,
儿子没有娶过妻。
阎王爷听了哈哈笑,
叫来金童和玉女,
把善人送回凡间去,
四件大事办齐备,
再叫金童玉女去请你。

口述人:杨秀枝,女,85岁,郏县茨芭镇许洼村。
采录时间:2017年9月11日。

恁家天天添元宝

掌柜哩,您发财,

您不发财俺不来。
掌柜哩,行行善,
赏俩小钱吃口饭。
掌柜哩,抬贵手,
天天发财月月有。
掌柜哩,行行好,
恁家天天添元宝。

口述人:王法堂,男,87 岁,小学,郏县政法委干部,已故。
采录时间:2010 年 3 月 6 日。

好汉歌

流自己哩汗,
吃自己哩饭。
靠天靠地靠爹娘,
不是好汉!

口述人:董铁中,男,67 岁,大专,郏县原人大常委会副主任。
采录时间:2017 年 9 月。

靠自己

天上下雪地下滑,
自己跌倒自己爬。
亲戚朋友拉一把,
酒还酒来茶还茶。

口述人:徐金花,女,69 岁,小学,郏县牧工贸退休工人。
采录时间:2015 年 4 月 25 日。

出日头

出着日头下着雨,
老婆打架不论理。

口述人:王国田,男,65 岁,高中,郏县人大退休干部。
采录时间:2017 年 9 月 21 日。

抓金银

一抓金,
二抓银,
三抓不笑,
是好人。

口述人:王磊,女,38 岁,本科,郏县城关东街。
采录时间:2013 年 7 月。

知冷知热结发妻

墙上画马不能骑,
镜子里烧饼不能吃。
论吃还是家常饭,
知冷知热结发妻。

口述人:徐金花,女,69 岁,小学,郏县牧工贸退休工人。
采录时间:2015 年 4 月 25 日。

读　书

少小读书不用心,

不知书中有黄金。
老来才知黄金贵,
高点明灯下苦心。

口述人:宋长宽,男,91 岁,小学,郏县供销社退休干部。
采录时间:2016 年 8 月 25 日。

莫生气

人生就像一场戏,
因为有缘才相聚。
相扶到老不容易,
是否更该去珍惜。
为了小事发脾气,
回顾想想又何必。
别人生气我不气,
气出病来无人替。
我若气死谁如意,
况且伤神又费力。
邻居亲朋不要比,
儿孙琐事由他去。
吃苦享乐在一起,
神仙羡慕好伴侣。

口述人:吴付欣,女,63 岁,高中,郏县档案局干部。
采录时间:2018 年 4 月 25 日。

劝君莫赌博

劝君莫赌博,

赌博场上是非多，

且将冷眼看醉人，

赌徒哪有好结果？

口述人：王法堂，男，87岁，小学，郏县政法委退休干部，已故。
采录时间：2010年3月6日。

十戒歌

劝君莫赌博，

赌博上瘾难脱壳，

输钱本从赢钱起，

赢得少来输得多。

劝君莫赌博，

伤身劳心受折磨，

一心想发流水财，

吃不香来睡不着。

劝君莫赌博，

伤风败俗人厌恶，

东坑西骗无人爱，

谁不背后指脑袋。

劝君莫赌博，

害儿害女害老婆，

各项事情无心干，

一家生活无着落。

劝君莫赌博，

哪个赌徒家不破？

输钱好似水推沙，

债台高筑实难过。
劝君莫赌博,
父母恼怒家不和,
妻离子散因此起,
一家骨肉动干戈。
劝君莫赌博,
赌债逼人生邪恶,
偷摸扒劫走歪路,
打架斗殴起灾祸。
劝君莫赌博,
陋俗恶习坏处多,
浪子回头金不换,
安分守己是正果。

口述人:余荣木,男,66岁,初中,郏县堂街镇宁庄村。
采录时间:2016年8月27日。

十不足

终日奔忙为了饥,
才得饱食又思衣,
冬着绫罗夏穿纱,
堂前缺少美貌妻。
娶下貌美贤良女,
又怕无官受人欺。
四品三品嫌官小,
又想面南做皇帝。
一朝登了金銮殿,

却慕神仙下象棋。
洞宾与他把棋下,
更问哪有上天梯。
若非此公大限到,
上到九天还嫌低。

口述人：马素钦，女，43岁，大专，郏县新世纪小学教师。
采录时间：2017年6月20日。

万事空

南北大路东西走,
人看苍生万事空,
天也空，地也空,
人身喳喳在其中。
日也空，月也空,
来来往往有何功。
田也空，地也空,
换了多少主人翁。
妻也空，子也空,
黄泉路上不相逢。
金也空，银也空,
死后何曾拿到手。
官也空，职也空,
数尽孽障恨无穷。
朝走西，暮走东,
人生好似采花蜂,
采得百花成蜜后,

到头辛苦一场空,
夜深听尽三更鼓,
翻身不觉五更中,
从头至尾细思量,
便是南柯一梦中。

七个嫂子真贤惠

骑大马,挥扬鞭,
一走走到哥门前,
大嫂出来拢住马,
二嫂出来接住鞭,
三嫂让到堂楼坐,
四嫂做菜五嫂端,
六嫂抱着红绫被,
七嫂抻抻床,
八姐九妹您先睡,
七个嫂子真贤惠。

口述人:朱玉仙,女,63岁,小学,郏县堂街宁庄村。
采录时间:2016年8月27日。

女儿经

女儿经,女儿经,
叫声女儿仔细听。
一学纺花织细布,
二学拿剪学裁缝,

三学钢刀进灶火,
四把人前大礼学,
五月婆家把你娶。
女儿含泪问娘亲,
婆家妯娌咋搁合?
做饭洗衣做细活,
公婆不睡你别睡,
日头不出你穿衣。
早起先把庭院扫,
洗脸梳头进灶火。
锅哩先烧滚汤水,
捥米捥面问公婆。
头碗先给公爹端,
二碗端给你婆婆。
三碗端给你丈夫,
最后一碗你自个。
丈夫外出去喝酒,
早把衣裳都洗妥。
等他喝酒回了屋,
端茶倒水伺候着。
打发丈夫床上睡,
等他酒醒过来了,
问他吃啥馍来喝啥汤。
想喝酸汤多倒醋,
想喝辣汤多放姜。
东家西家不去串,
西家话不往东家扬。

一句话儿说不好,
打着孩子骂着娘,
骂你孩子少家教,
你爹娘脸上也无光。

口述人:杨秀枝,女,85岁,郏县茨芭镇许洼村。
采录时间:2017年9月21日。

教子歌

为父母,尽其道,
儿女无知要训教。
贫勤奋,富穷度,
引导让其走正路。
见长辈,悉应答,
切莫戏言说诳话。
见长辈,知尊卑,
起座先后有道理。
淡茶饭,朴素衣,
防其长大忘仔细。
与人儿,斗了气,
先说自己没道理。
小儿话,莫听从,
不要护短失了情。
教儿学成好品行,
父母到老才安宁。

口述人:马素钦,女,43岁,大专,郏县新世纪小学教师。
采录时间:2017年6月20日。

真经八句话

真经八句话，
老天来传下。
为人操好心，
必定享荣华。
他说他厉害，
咱都不理他。
天上有神灵，
慢慢查看他。

口述人：杨秀枝，女，85岁，郏县茨芭镇许洼村。
采录时间：2017年9月11日。

大实话

吃罢饭，当时不饥，
正东去，肚腿朝西。
墙上画马不能骑，
镜子里烧饼不充饥。
过继儿不如亲生子，
熬寡不如有女婿。
没钱哩不如有钱哩，
下力人不如当官哩。
天比地高地比天低，
没福气不如那有福气。

口述人：王月梅，女，84岁，郏县二工局退休职工。
采录时间：2016年3月3日。

背羊羔卖羊皮

背羊羔,卖羊皮,
仨钱买个大黄梨。
仨钱买,俩钱卖,
不想挣钱只想快。

口述人:黄树岑,女,57岁,高中,郏县烟草局退休干部。
采录时间:2018年4月27日。

天上下雪地上白

天上下雪地上白,
一个花轿抬过来。
新媳妇在轿里坐,
坐在轿里生乖乖。
再说把他扔了吧,
恐怕轿夫嘴笑歪。
要是把他抱在怀,
回家咋见他奶奶。

口述人:朱玉仙,女,63岁,小学,郏县堂街宁庄村。
采录时间:2016年8月27日。

墙上画马不能骑

墙上画马不能骑,
兔子拉磨不如驴。
论吃还是家常饭,
知冷知热结发妻。

别笑穷人穿破衣

　　天高星儿稀,
　　别笑穷人穿破衣。
　　十指伸出有长短,
　　树木还有高和低。
　　你可知道这个理,
　　三十年河东又河西。

口述人:王月梅,女,84岁,郏县二工局退休职工。
采录时间:2015年2月14日。

鹿和狼

　　山前小鹿山后狼,
　　两兽结交在山冈。
　　狼有难时鹿去救,
　　鹿有难时狼躲藏。
　　为人莫交无义友,
　　狼心狗肺不久长。

口述人:杨彩霞,女,64岁,高中,郏县卫校退休干部。
采录时间:2015年9月6日。

省下新哩敬公婆

　　小粉盒,支棱着,
　　今年不胜年梢儿① 个。

---

① 年梢儿:去年。

年梢儿跟俺爹娘过,
今年跟着俺公婆。
吃剩饭,吃剩馍,
省下新哩敬公婆。

口述人:王葵花,女,60 岁,高中,郏县退休教师。
采录时间:2016 年 5 月 12 日。

历史传说类

二十四仙庆寿

年年有个三月三,
王母娘娘宴群仙。
斗牛宫内摆酒宴,
都与王母庆寿端。
南天门上金光闪,
求了上界众八仙。
老君骑牛走前头,
元始天尊紧相连。
通天教主走在后,
南极仙翁跨鹤銮。
女娲娘娘也来到,
南海女士离山观。
大慈大悲活菩萨,
云梦山上老玉禅。
上路八仙都来到,
后面紧跟中八仙。
汉钟离手拿阴阳扇,
扇子能把乾坤翻。
吕洞宾腰挂三尺剑,
斩妖除邪太平年。
张果老骑着毛驴子,

毛驴子驮着四架山。
铁拐李背着火葫芦,
火葫芦以内冒青烟。
曹国舅打动阴阳板,
板打一声惊动天。
韩湘子毛篮人人爱,
一年四季开牡丹。
何仙姑手拿紫金笊,
能捞龙宫及海潭。
蓝采和噙玉箫管,
吹的俱是孔子言。
二路八仙走过去,
后面紧跟下八仙。
四海龙王下大雨,
庄农之人广收田。
柳成手拿灵芝草,
阮然怀抱还送丹。
杜康端着好名酒,
后跟刘伶醉酒仙。
二十四仙都来到,
飘落广寒宝殿前。
王母娘娘上边坐,
众仙上前把礼端。
口呼王母您在上,
小仙来迟你包涵。
行罢二十四叩礼,
中线排立站两班。

王母娘娘开言叫，
出言叫声各位仙。
老尼无能德浅薄，
叩拜老尼心不安。
众仙躬身又使礼，
王母功德高无边。
混沌出分无世界，
你造天地日月圆。
上开天河一道水，
下开黄河九道湾。
皆为你的功劳重，
玉帝有旨吩咐俺。
叫俺一年来一趟，
朝拜王母理当然。
王母闻听心欢喜，
吩咐童子把座搬。
搬来二十四把椅，
众仙列坐在两边。
王母娘娘又开口，
金童玉女把酒端。
仙桃御酒齐摆上，
再摆我的万寿丹。
水中天鹅云中雁，
狼心狗宝和鹿丹。
猴头燕窝头等菜，
山珍海味都摆全。
不多一时都齐备，

启禀王母请听言。
桌椅板凳都摆好,
单等王母宴酒餐。
跋山涉水多辛苦,
万里迢迢受风寒。
众仙齐把酒来饮,
酒味清香过咽喉。
各有醉意酒席散,
金光祥云万道川。
上八仙回到天宫去,
中八仙回到终南山。
下八仙回到地府去,
各回各府炼药丸。

马齿菜就地生

马齿菜,就地生,
我是舅家亲外甥,
登了舅家门,打了舅家盆。
舅家门前一棵花,
那花开哩紫微微。
大姐摘二姐戴,
三姐婆家行礼来。
十二头猪十二只羊,
十二头骆驼排两行。
头里抬哩花花轿,

后头抬哩顶子床。
顶子床上一碗油,
大姐二姐都抿头。
大姐抿哩盘花髻,
二姐抿哩盘花楼。
剩下三姐冇啥抿,
抿个狮子滚绣球。
一滚滚到黄河口,
把住黄河不得流。

板凳板凳压撂撂

板凳板凳压撂撂,
里头坐个花大哥。
花大哥出来卖菜,
里头坐个奶奶。
奶奶出来烧香,
里头坐个姑娘。
姑娘出来磕头,
里头坐个孙猴。
孙猴出来立立,
那里坐个公鸡。
公鸡出来打鸣,
那里坐个小虫儿。
小虫儿出来叫叫,
那里坐个蚂蚱,

蚂蚱出来喝露水，
一霜打哩没大腿。

口述人：杨秀枝，女，85 岁，郏县茨芭镇许洼村。
采录时间：2018 年 11 月 28 日。

一二三四五

一二三四五，
金木水火土。
天地分上下，
日月照今古。

口述人：王月梅，女，84 岁，郏县二工局退休职工。
采录时间：2015 年 2 月 14 日。

翅北差

翅北差，来对瓦，
对不住，还得打。
翅北翅北飞了吧。

口述人：张中和，男，69 岁，小学，郏县薛店镇张武楼村。
采录时间：2017 年 10 月。

麻野雀尾巴长

麻野雀①，尾巴长，
娶了媳妇忘了娘。

---

① 麻野雀：喜鹊。

把娘扔到高山上,
烙油馍,做鸡汤。
端给媳妇你尝尝,
我去高山看看娘。

老天爷您别下

老天爷,您别下,
俺给您买个大黄瓜。
您吃腰来俺吃把儿,
咱俩长哩一般大。

酸枣树　树叶儿尖

酸枣树,树叶儿尖,
公婆吃饭把门关。
苍蝇叼走一粒米,
一追追到莲花山。
公婆跪下就祷告,
算一卦,求一签。
伤财惹气不划算,
回家赶紧去洗碗。

口述人:李珍,女,53岁,大专,郏县退休教师。
采录时间:2017年10月9日。

东南角起一棵梨

东南角起一棵梨,
一枝儿弯来一枝儿直。
一枝儿开哩是并排花儿,
一枝儿结哩是脆白梨。
老娘有病想吃梨,
冇有功夫去赶集。
娇妻有病想吃梨,
三天赶了九回集。
一手拿着长烧饼,
一手拿哩是脆白梨。
大门以外见老娘,
一爽爽①到那袖筒里。
二门以里见娇妻,
顺着袖筒我爽给你。
慢慢吃,慢慢咽,
可甭叫梨核卡住你。
梨核啃哩净净儿哩,
扔到门后朴土②窝里,
长远③甭叫老娘见,
老娘见了是非。
老灶爷见了心头恼,
上去卡住喉咙系,

---

① 爽爽:塞到。
② 朴土:土灰。
③ 长远:千万。

不要吃不要咽,

不要你吃这甜似蜜。

口述人：云茹,女,79 岁,小学,郏县黄道王英沟村。
采录时间：2018 年 10 月 25 日。

三国人物

三国英雄数马超,

关羽刘备智谋高。

赵云浑身都是胆,

张飞黄忠是英豪。

神机妙算诸葛亮,

气死周郎小尔曹。

口述人：王葵花,女,60 岁,高中,郏县退休教师。
采录时间：2016 年 5 月 12 日。

传统童谣

摇篮曲

月亮头

月亮头,黄巴巴。
爹织布,娘纺花,
孩儿孩儿你睡吧,
明儿清儿①到给你蒸大个倭瓜②。

摇篮曲

拍头拍屁股,
睡到明晌午③。
拍头拍脚,
睡到明清儿。

口述人:王磊,女,38 岁,本科,郏县城关东街。
采录时间:2013 年 7 月。

小宝宝

小宝宝,快点睡,
明天跟娘去赶会,

---

① 明儿清儿:明天早上。
② 倭瓜:南瓜。
③ 明晌午:明天中午。

买斤油馍买块糖，
买的糖，给你吃，
油馍给你奶奶尝。

口述人：孙桂梅，女，91岁，郏县广阔天地乡大程庄村。
采录时间：2016年8月15日。

花蝴蝶

花蝴蝶，颜色美，
四个翅膀六条腿。
花丛中，飞飞飞，
蝴蝶看着花儿美。

口述人：徐战杰，男，44岁，大专，郏县新世纪小学教师。
采录时间：2017年9月6日。

摇篮曲

（一）

娃娃睡，盖花被，
娃娃醒，吃大饼。
娃娃笑，吃甜桃，
娃娃哭，打屁股。

口述人：余晓转，女，37岁，高中，郏县堂街宁庄村。
采录时间：2015年6月29日。

（二）

柳叶绿，柳叶长，
小孩睡觉找他娘，

搂着小孩快睡觉,
睡醒给你买块糖。

(三)

俺家有个好宝宝,
眼睛大,鼻梁高。
宝宝不哭也不闹,
闭上眼睛睡觉觉。

口述人:马素钦,女,43岁,大专,郏县新世纪小学教师。
采录时间:2017年9月6日。

游戏类

磕顶针

磕、磕、磕顶针,
腰里别根花手巾。
你丢了,我拾了,
你卖啥?我卖烟,
你卖啥?我卖粉,
咱俩打个琉璃滚。

口述人:刘桂敏,女,57岁,高中,郏县劳动局退休干部。
采录时间:2018年11月11日。

盘脚盘

(一)

盘脚盘,盘三年,
三年高,拿把刀。
刀尖儿快切辣菜,
辣菜酸切棵葱。
葱花芫荽,
小脚蹉回。
盘可娄,盘簸箕,
盘着小脚你过去。

口述人:张中和,男,69岁,初中,郏县薛店镇张武楼村。
采录时间:2017年10月。

（二）

盘，盘，盘脚盘，
三年整，菊花顶，
顶顶盖，罗罗筛筛，
大簸箕，小簸箕，
盘起小脚藏回去。

口述人：马新利，女，43岁，大专，郏县广播电视局干部。
采录时间：2015年3月3日。

生活类

放羊孩儿去偷瓜

放羊孩儿去偷瓜,
顺着墒沟往里爬。
蒺藜扎住不老盖①,
不敢吭声龇着牙。

口述人:刘桂敏,女,57岁,高中,郏县劳动局退休干部。
采录时间:2018年11月11日。

翻馍批儿硌料料

翻馍批儿②一头翘,
我给奶奶逮圪蚤③。
圪蚤蹦,我也蹦,
奶奶说我不中用。

口述人:范玉兰,女,83岁,小学,郏县薛店镇王圪垱村。
采录时间:2017年9月20日。

一个小孩六七岁

一个小孩六七岁,

---

① 不老盖:膝盖。
② 翻馍批儿:翻烙馍用的长而薄的工具。
③ 圪蚤:跳蚤。

跟着奶奶赶庙会。
走到河边喝口水,
蛤蟆蝌蚪①咬住嘴。

口述人:王改琴,女,65岁,小学,郏县牧工贸退休职工。
采录时间:2014年4月19日。

跟着扁嘴只管走

筛箩箩,和面面,
问问孩儿吃啥饭?
想吃啥,咸鸭蛋,
哪里有?河里有。
跟着扁嘴②只管走,
扁嘴放个屁,
崩坏了恁家二亩地。

口述人:王磊,女,38岁,本科,郏县城关东街。
采录时间:2013年7月。

上山去拾柴火棍

灰灰菜,菜灰灰,
后头跟一小闺女儿。
小闺女儿八九岁,
上山去拾柴火棍儿。
柴火棍儿,一丈长,

---

① 蛤蟆蝌蚪:蝌蚪。
② 扁嘴:鸭子。

小闺女扛着找她娘。

她娘搁家烙油馍，

吱扭吱扭到灶火。

口述人：黄树岑，女，56岁，郏县烟草局退休干部。
采录时间：2018年4月27日。

青菜青　绿莹莹

青菜青，绿莹莹，

辣椒红，红灯笼。

娘煮饭，我剥葱，

俺爹种菜我捉虫。

口述人：高雅，女，22岁，初中，郏县岁薛店镇后中王西村。
采录时间：2017年9月26日。

舅舅来了吃啥饭

筛箩箩，打转转，

舅舅来了吃啥饭？

吃油馍，卷鸡蛋，

杀小鸡，吃蒜面。

扑哧扑哧两大碗，

你看舅舅馋不馋？

口述人：贾铃和，女，11岁，学生，郏县经二路北段。
采录时间：2018年8月。

八月十五月儿圆

八月十五月儿圆,
瓜果月饼敬老天。
老天爷心里好喜欢,
一年四季保平安。

口述人:刘桂敏,女,57 岁,高中,郏县劳动局退休干部。
采录时间:2018 年 11 月 11 日。

月奶奶明晃晃

月奶奶,明晃晃,
八月十五到俺庄。
敬您月饼和甜汤,
临走水果装满筐。

口述人:王会萍,女,65 岁,高中,郏县科技局退休职工。
采录时间:2015 年 7 月 29 日。

月奶奶黄巴巴

月奶奶,黄巴巴,
爹织布,娘纺花。
小闺女,打穗妇,
扑拉拉,打俩仨。
小孩儿哭着要吃妈儿①,
买个火烧哄哄他,

---

① 吃妈儿:吃奶。

爹咬口，娘咬口，
咬住小孩儿手指头。
先流血，后流脓，
小孩儿哭哩不绝声。

口述人：王光耀，男，60岁，高中，郏县薛店镇。
采录时间：2017年10月。

月奶奶

月奶奶，黄巴巴，
八月十五到俺家，
又有月饼又有瓜，
足你吃，足你拿，
拿到河北看您大。
您大给你二百钱，
买个公鸡会打鸣，
买个母鸡会下蛋，
买头毛驴会磨面，
买个狗娃绕圈转。

月亮奶奶

月奶奶，黄巴巴，
爹织布，娘纺花。
哥哥读书我绣花。
全家老少齐努力，
家里富裕靠大家。

口述人：吴瑞芳，女，31岁，大专，郏县新世纪小学教师。
采录时间：2016年7月8日。

俺家奶奶故事多

俺家奶奶故事多，
坐在树下把鞋做。
纳圈底子讲一个，
听得大家笑呵呵。
我给奶奶捶捶背，
再请奶奶讲一堆。

口述人：郭军爱，女，54岁，初中，郏县黄道王英沟村。
采录时间：2016年8月15日。

月奶奶明晃晃

月奶奶，明晃晃，
开开后门洗衣裳。
洗哩净，浆得光，
打发哥哥上学堂，
明年考上状元郎。
红旗插到咱门上，
你看排场不排场。

口述人：贾铃和，女，10岁，学生，郏县经二路北段。
采录时间：2018年8月。

指甲花

指甲花,慢慢开,
我是娘的小乖乖。
吃娘奶,坐娘身,
做双鞋子报娘恩。

口述人:王磊,女,38 岁,本科,郏县城关东街。
采录时间:2013 年 7 月。

斑鸠咕咕

斑鸠咕咕,
豌豆都熟。
你吃海鲜,
他吃豆腐。
娃娃吃啥?
买糖葫芦。

小毛驴儿上哪去

小毛驴儿上哪去?
上北山,拉磨去。
等等我,不等你,
穿上花鞋撵上你。

口述人:王改琴,女,65 岁,小学,郏县牧工贸退休职工。
采录时间:2008 年 6 月 10 日。

下大雪

天下大雪，冻死老鳖，
老鳖打卦，打给蛤蟆。
蛤蟆告状，告给和尚，
和尚念经，念给先生。

口述人：王月梅，女，84岁，郏县二工局退休职工。
采录时间：2018年12月13日。

黑妮与白妮

黑妮儿黑，白妮儿白，
黑妮儿穿上白妮鞋。
白妮儿等着串门子，
黑妮儿上山去砍柴。

口述人：郭晓华，女，38岁，高中，郏县交通局职工。
采录时间：2016年8月。

拉大锯

拉大锯，拉大锯，
姥姥门前唱大戏。
接闺女，请女婿，
小外孙，娇滴滴，
哭着闹着也要去。

口述人：吴瑞芳，女，31岁，大专，郏县新世纪小学教师。
采录时间：2016年7月8日。

小饺子两头尖

小饺子,两头尖,
下到锅里往上翻。
金碗盛,银碗端,
端给俺爷尝尝鲜。

口述人:吴付欣,女,63岁,高中,郏县档案局干部。
采录时间:2018年4月5日。

我是南山老李逵

我是南山老李逵,
手里拿着两铁锤。
卷卷袖子挽挽锤,
我不打你我打谁?

口述人:王会萍,女,65岁,高中,郏县科技局退休职工。
采录时间:2015年7月29日。

张张箩

张张箩,要过河,
一袋麦,正磨着。
杀小鸡,烙油馍,
几扭几扭到灶火。

口述人:吴付欣,女,63岁,高中,郏县档案局干部。
采录时间:2018年4月5日。

咪咪猫

咪咪猫，上高桥，

担担水，弯弯腰，

石榴开花结樱桃。

口述人：孙桂梅，女，91岁，郏县广阔天地乡大程庄村。
采录时间：2016年8月15日。

蚯蚓犁地哩

蚯蚓蚯蚓犁地哩，

蚂蚁蚂蚁送饭哩，

送啥饭？

豌豆花儿绿豆面，

呼噜呼噜两大碗。

有个小孩光脚丫

有个小孩光脚丫，

提着篮子摘棉花。

石头硬，蒺藜扎，

小孩疼得喊他妈。

恶支犁地

恶支①犁地慢悠悠,
蛴川②送饭到地头。
一碗捞饭③一盘肉,
叨叨叨叨④吃不够。
咿呀哎,那呀哎,
恶支吃哩嘴流油。

有个小孩不时闲儿

压岁钱儿压岁钱儿,
小孩儿拿着不时闲儿⑤。
前儿个⑥买个小灯笼,
夜儿个⑦买辆新洋车⑧。
一会儿唠呼⑨买炮仗⑩,
一会儿又要甜秫秆⑪。

---

① 恶支:蜗牛。
② 蛴川:蚯蚓。
③ 捞饭:干饭。
④ 叨叨:用筷子夹菜吃。
⑤ 不时闲儿:忙碌不停。
⑥ 前儿个:前天。
⑦ 夜儿个:昨天。
⑧ 洋车:自行车。
⑨ 唠呼:大声说话。
⑩ 炮仗:鞭炮。
⑪ 甜秫秆:甘蔗。

压岁钱儿花净光,
还说这些不沾弦儿①。

妞妞摔个大跟头

有一恶支去山口,
慢慢悠悠地上走。
妞妞看见扭头瞅,
摔了一个大跟头。
样门②磕住不老盖③,
吓哩恶支宿了头。

小花孩

小花孩,骨堆④那,
嘴里吃着甜秫秆。
甜甜蜜水咽下肚,
吐出来的是渣滓。

---

① 不沾弦儿:还差得远。
② 样门:正好。
③ 不老盖:膝盖。
④ 骨堆:蹲下。

喔喔喔天明了

喔喔喔,天明了,
一树桃花开红了。
蜜蜂飞,蝴蝶舞,
蛤蟆气哩肚子鼓。
我说蛤蟆你别气,
搬个梯子快上树。

羽毛

羽毛花,羽毛长,
羽毛落在房顶上。
砸碎瓦,砸断梁,
老婆哭着喊她娘。

板凳歪歪

小板凳歪歪,
我是娘哩乖乖。
想吃馍,掰一块,
想吃油馍集上买。

口述人:吴付欣,女,63岁,高中,郏县档案局干部。
采录时间:2013年11月3日。

尿床精

尿床精,十岁整,
半夜醒来看星星。
老天爷咋还不明,
屁股嚥哩杠杠红。

口述人:刘桂敏,女,57岁,高中,郏县劳动局退休干部。
采录时间:2017年9月21日。

送西瓜

有个奶奶去摘瓜,
摘啥瓜?大西瓜。
西瓜甜,西瓜大,
拿不动,抱不下。
跑来一个胖娃娃,
拉着小车笑哈哈,
帮助奶奶送西瓜。

小红孩

有个小孩戴红帽,
四个老鼠抬着轿。
黄鼠狼打着伞,
野狸猫吹着号。
老虎噼啪放鞭炮,
你说好笑不好笑。

口述人：王月梅，女，83 岁，郏县二工局退休职工。
采录时间：2018 年 12 月 13 日。

小巴狗

小巴狗，上大路，
大路窄，喊大伯，
大伯在家织布袋。
喊姑姑，姑姑在家打糊涂。
喊婶子，婶子在家磨粉子。
喊奶奶，奶奶在家劈干柴。

指甲花

指甲花，红艳艳，
小子不跟小妮儿玩。

口述人：姚进，女，31 岁，研究生，郏县城关人。
采录时间：2017 年 6 月。

小眯眯

小眯眯，去赶集，
背着口袋骑着驴。
南北走，东西走，
左转转，右游游，
赶到集市上，
日头落到西山口。

口述人：王葵花，女，60 岁，高中，郏县退休教师。
采录时间：2016 年 5 月 12 日。

明天去把姥姥瞅

姥姥酿的桂花酒，
不喝不喝喝两口。
喝醉回家发了愁，
买个公鸡当丫头，
买个老鼠开抽斗。
小乖乖，想喝酒，
明天去把姥姥瞅。
买豆腐，割牛肉，
到姥姥家喝几口。

口述人：黄树岑，女，57 岁，郏县烟草局退休干部。
采录时间：2018 年 4 月 27 日。

臊子面条肉浇头

月亮走，我也走，
我给月亮牵牲口。
一直赶到九月九，
开开后门摘石榴，
石榴树上卧斑鸠。
问问斑鸠吃啥饭？
臊子面条肉浇头。

口述人：刘桂敏，女，56 岁，高中，郏县劳动局退休干部。
采录时间：2018 年 11 月 11 日。

拉大锯

拉大锯,拉大锯,
姥姥门前唱大戏。
接闺女,接女婿,
小外孙,也要去。
外孙外孙你听话,
奶奶给你逮蚂蚱。

手拿皮鞭骑白马

手拿皮鞭骑白马,
问问清官打不打?
手捧莲花过金桥,
问问清官饶不饶?

口述人:马宏战,男,38岁,大专,郏县人大干部。
采录时间:2018年8月10日。

小老鼠

小老鼠,
爬拐棍。
拐棍滑,
磕住老鼠大长牙。
大老鼠哭,小老鼠叫,
一群蛤蟆来吊孝,
咕哇咕哇大声叫。

小花猫

小花猫,扒门框,
爷爷敲鼓奶奶唱。
奶奶唱得怪好听,
爷爷摇头直哼哼。

口述人:王葵花,女,60岁,高中,郏县退休教师。
采录时间:2016年5月12日。

小槐树

小槐树,槐树槐,
槐树底下搭戏台。
人家的闺女都来到,
俺家的闺女咋没来。
说着说着来到啦,
骑着驴,拿着鞭,
穿着花鞋露着尖。

口述人:王一帆,女,19岁,本科,郑大西亚斯学院。
采录时间:2018年10月。

风来了

风来了,雨来了,
蛤蟆背着鼓来了。
什么鼓?大圆鼓,
乒乒乓乓二百五。

口述人:余晓转,女,37岁,高中,郏县堂街宁庄村。

采录时间：2015 年 6 月 29 日。

蜜食篮

蜜食篮儿，
黄酒坛儿，
洋布手巾，
包汤圆儿。

口述人：吴付欣，女，63 岁，高中，郏县档案局干部。
采录时间：2018 年 4 月 5 日。

蚂蚁精

蚂蚁精，蚂蚁能，
蚂蚁天天勤劳动。
找粮食，存洞中，
堆哩粮食到洞顶。
有虫有米有大豆，
食物多了好过冬。

背羊羔卖羊皮

背羊羔，卖羊皮，
两个小孩骑毛驴，
一个前，一个后，
一会来到马山口。
马山口，买块肉，

我吃了，你馋了，
我的故事讲完了。

口述人：王家骏，男，17岁，在校学生，郏县第一中学。
采录时间：2018年8月。

打金鼓过金桥

打金鼓，过金桥，
观音老母摘仙桃。
摘一千，又一千，
观音老母下南山。
南山有个观音庙，
嘭啪嘭啪放几炮，
问问清官饶不饶？

口述人：王月梅，女，84岁，郏县二工局退休职工。
采录时间：2018年11月13日。

金豆银豆

金豆银豆，
呵叭一溜儿。
小虫儿搬砖，
一搬一千。

口述人：吴付欣，女，63岁，高中，郏县档案局干部。
采录时间：2017年11月3日。

爬山

背娃娃，爬高山，
你走后，我走前。
走一步，踮一踮，
爬山孩子最勇敢。

小白狗

一只小白狗，
来到灶火大门口。
看到桌上有块肉，
还有一碗香香酒。
白狗吃肉又喝酒，
回家不着[①]往哪走。

摇到外婆桥

摇摇摇，
摇到外婆桥，
外婆夸我好宝宝。
买条鲤鱼烧一烧，
头不熟，尾巴焦，
放到盘里蹦蹦跳。

---

① 不着：不知道。

对花尖

小红贴，绿绸边儿，
两个大姐对花尖儿。
花尖破，驴拉磨，
老鸹担水桥上过。
鸡子儿淘麦打了盆，
老鼠关门笑死人儿。

小蛤蟆

小蛤蟆，上莲蓬，
掉下来，得了病，
抬到家里不会动。
拨拨眼，睁不开，
拉拉腿，不动弹，
一家老少齐叫唤。

口述人：杨秀枝，女，85岁，郏县茨芭镇许洼村。
采录时间：2017年9月11日。

王奶奶

王奶奶，李奶奶，
俺家有个小乖乖，
站得直，坐不歪，
光吃馍馍不吃奶。

小小子儿坐门墩

小小子儿坐门墩，
哭着喊着要媳妇。
要媳妇干啥？
点灯说话，
吹灯做伴。
早上起来梳小辫。

口述人：王磊，女，38岁，本科，郏县城关东街。
采录时间：2013年7月。

跳花墙

（一）

羊羊羊，跳花墙，
抓把草，喂你娘，
你娘没在家，
喂你老哥仨。

（二）

羊羊羊，跳花墙，
花墙破，驴拉磨。
猪砍柴，狗烧火，
小猫站着烙油馍。

捉蚂蚱

丫头丫,逮蚂蚱,
蚂蚱跳,丫头笑,
蚂蚱飞,丫头追。

口述人:郭晓华,女,38岁,高中,郏县交通局职工。
采录时间:2016年8月。

颠倒话儿

颠倒话儿话儿颠倒,
井里蛤蟆戏乌梢[①]。
兔子拉磨比驴快,
屋里老鼠敢吃猫。
东西路,南北走,
出门碰见人咬狗。
拿起狗头砸砖头,
乌龟撵狗一烟溜。

口述人:王月梅,女,84岁,郏县二工局退休职工。
采录时间:2018年12月13日。

---

① 乌梢:大蟒蛇。

知识类

月亮月亮公公

月亮月亮公公,
出门带个烧饼。
这月吃完了,
下月又圆了。

山羊吃青草

山羊吃青草,
吃了拉黑枣。
牛犊吃青草,
吃了拉元宝。

月儿弯弯 像只小船

月儿弯弯,像只小船,
摇呀摇呀,越摇越圆。
月儿圆圆,像个银盘,
转呀转呀,越转越弯。

口述人:郭晓华,女,38岁,高中,郏县交通局职工。
采录时间:2016年8月。

风来了雨来了

风来了,雨来了,
老鳖背着鼓来了。
东一锤,西一锤,
打哩老鳖钻沙堆。
西一脚,东一脚,
打哩老鳖冇处逃。

口述人:黄树岑,女,56岁,郏县烟草局退休干部。
采录时间:2018年4月27日。

萤火虫

萤火虫,点灯笼,
飞到西,飞到东。
飞到小河边儿,
鱼虾在做梦。
飞到树林里,
鸟儿睡得浓。
飞到窗户前,
听到娃娃读书声。

月奶奶黄巴巴

月奶奶,黄巴巴,
爹织布,娘纺花。
我玩一块大泥巴,

捏群鸡，捏群鸭，
捏只小狗会看家。

口述人：王改琴，女，65岁，小学，郏县牧工贸退休职工。
采录时间：2014年4月19日。

快来看

快来看，快来看，
黑鸡下个白鸡蛋。
快来瞧，快来瞧，
老鼠长了一身毛。

口述人：马宏战，男，38岁，大专，郏县人大干部。
采录时间：2018年8月10日。

一个蛤蟆一张嘴

一个蛤蟆一张嘴，
两只眼睛四条腿，
扑通一声跳下水。
两个蛤蟆两张嘴，
四只眼睛八条腿，
扑通，扑通，跳下水。

口述人：王磊，女，38岁，本科，郏县城关经二路北段。
采录时间：2013年7月。

老母鸡骂小鸡

老母鸡，骂小鸡，

你真是个笨东西。
我教你咕咕,
你却叫叽叽。

蜇住驴屁股

一二三四五,
蛤蟆①肚子鼓。
蝎子去打仗,
蜇住驴屁股。

口述人:王月梅,女,84岁,小学,郏县二工局退休职工。
采录时间:2015年2月14日。

月亮

月儿圆圆,像个小盘。
月儿弯弯,像只小船。
坐上小船,天上玩玩。

小蜘蛛

小蜘蛛,拉银线,
走一走,转一转。
织个网,连成片,

---

① 蛤蟆:蟾蜍。

捉蚊虫,当饭饭。

口述人:吴瑞芳,女,31岁,大专,郏县新世纪小学教师。
采录时间:2016年7月8日。

椿树王

椿树王,椿树王,
你长粗,我长长,
你长粗来做大梁,
我长高来穿衣裳。

口述人:王会萍,女,65岁,高中,郏县科技局退休职工。
采录时间:2015年7月29日。

小蜜蜂

小蜜蜂,嗡嗡嗡,
闻到花香一阵风。
采啥花,石榴花,
石榴花开红彤彤。
蝴蝶飞飞来做伴,
红花绿叶真齐整。

茄子

茄子皮,青又紫,
茄子肉,白又细,
煎炒做小菜,

人人都喜爱。

熬汁当药用,

能治风湿病。

口述人：余晓转，女，37 岁，高中，郏县堂街宁庄村人。
采录时间：2015 年 6 月 29 日。

小芝麻　点点星

小芝麻，点点星，

种到地里看不清。

出来苗，青又青，

开的花，白生生。

结的角，四棱棱，

倒出籽，喜盈盈。

磨出油，黄澄澄，

炸的果子暄腾腾。

端起托盘往上送，

捧到爷奶面前敬，

爷奶看见心欢喜，

夸俺是个小能能。

小松鼠

一二三四五，

上山打老虎，

老虎找不着，

找到小松鼠。

松鼠有几个，
让我数一数。
数来又数去，
一二三四五。

口述人：余晓转，女，37岁，高中，郏县堂街宁庄村人。
采录时间：2015年6月29日。

一群小虫儿[①]

一群小虫儿喳喳叫，
你衔树枝，
它衔小草，
一起垒窝，
又快又好。

老鼠嫁女儿

老鼠嫁女儿，
黑猫抬花轿。
花轿抬到大门口，
新娘吓得吱吱叫。
吱吱叫，没处逃，
黑猫见了咪咪笑。
咪咪笑，笑咪咪，
新娘进了猫嘴里。

---

① 小虫儿：麻雀。

口述人：杨秀枝，女，85岁，郏县茨芭镇许洼村。
采录时间：2016年5月4日。

小毛驴

小毛驴，穿黑褂，
披张虎皮走天下。
小羊牛马不敢近，
小猪小狗见了怕。
有天碰见真老虎，
老虎请它去玩耍。
毛驴吓得啊啊叫，
丢下虎皮跑回家。

炒黄豆

炒，炒，炒黄豆，
黄豆放到锅里头，
噼里啪啦翻跟斗。

鹰和兔

鹰和兔子四十九，
一百条腿往前走。
（三十只鹰，十只兔）

辽天地里三间房

辽天地里三间房，
一间房子七张床。
一张床上七被窝，
一被窝睡了七个和尚。
（1029个和尚）

一斗半 二斗半

一斗半，二斗半，
三斗半，四斗半，
驴驮八斗九斗半，
手掂五升赶着转，
不多不少整二担。

一沟二崖是竹竿

一沟二崖是竹竿，
遍地二来是老鸹①，
一竹竿上两老鸹，
剩下一竹竿。
一竹竿上一老鸹，
剩下一老鸹。

---

① 老鸹：乌鸦。

（四只老鸹，三根竹竿）

口述人：杨秀枝，女，85 岁，郏县茨芭镇许洼村。
采录时间：2018 年 11 月 28 日。

小老鼠爬缸沿

小老鼠爬缸沿儿，
胡辣汤就蒜瓣儿，
小嘴辣成两瓣儿。

口述人：黄树岑，女，57 岁，郏县烟草局退休干部。
采录时间：2018 年 4 月 27 日。

我是姐姐你是妹

蓝色枕头红花被，
你三岁，我四岁，
俺是姐姐你是妹。

口述人：吴瑞芳，女，31 岁，大专，郏县新世纪小学教师。
采录时间：2016 年 7 月 8 日。

两只黄鹂

我家门前桂花香，
两只黄鹂停树上。
唱着歌儿不住口，
好像站在舞台上。
滴哩哩，滴哩哩，
上演一曲二重唱。

我到树下抬头望,
听歌跳舞喜洋洋。

滚铁环

谁跟我玩滚铁环,
铁环铁环团团转。
一转转到大刘山,
铁勾儿弯弯,
小眼儿翻翻,
抬头看,看见一朵白牡丹。
白牡丹真好看,
摘下一朵给我玩。
慢慢慢,慢慢慢,
不要摘呀不要攀,
让它留给大家看,
拦拦拦,拦住了小丫环。

口述人:黄金勇,男,62岁,大专,郏县文化旅游局退休干部。
采录时间:2017年6月4日。

滚铁环

轱辘轱辘圆,
滚铁环,
我走在后它走前。
左转弯,右弯转,

叮叮铃铃跑得欢。

口述人：王月梅，女，84岁，郏县二工局退休职工。
采录时间：2018年12月13日。

郏县民歌

月奶奶亮光光

郏县民歌
刘玉佩 记谱

1=C 2/4

月奶奶亮光光，开开后门洗衣裳，洗哩净，浆哩光，打发哥哥上学堂。读诗书，念文章，红旗插到咱门上，看咱排场不排场！

口述人：刘玉佩，女，74岁，郏县退休教师。
采录时间：2016年7月。

想上学

郏县民歌
刘玉佩 记谱

1=C 2/4

3 3 3 1 | 2 - | 3 3 2 3 1 | 2 1 6· | 5 5 5 |

一更鼓儿采，　儿童　好悲哀呀，想起了
二更鼓儿咚，　儿童　放悲声呀，埋怨一
五更鼓儿亮，　爹娘　变心肠呀，买书

5 5 3 2 | 3 3 2 3 1 | 2 - | 3 3 2 1 3 |

不识字，　衬哩那多无才。　埋怨二爹
声爹娘，　是个糊涂虫。　叫我一辈
买笔，　送我上学堂。　努力苦用

2 1 6 6 1 | 3 5 6 | 2· 1 6 5 | 5 0 ‖

娘呀将我　一世来害。
子呀落一个　目不识丁。
功呀才对得起　二老爹娘。

口述人：刘玉佩，女，74岁，郏县退休教师。
采录时间：2016年7月。

富人穷人不一样

郏　县　民　歌
刘玉佩 记谱

1=C 2/4

富人住的楼上楼，穷人住的破呀崖头。进门来弯腰低头咿哟哎哟 进门来弯腰低头。
富人吃的鱼和肉，穷人吃的窝呀窝头。稀糊涂还要断流咿哟哎哟 稀糊涂还要断流。
富人穿的绫罗缎，穷人穿的破呀袄头。补补丁还要露肉咿哟哎哟 补补丁还要露肉。

口述人：刘玉佩，女，74 岁，郏县退休
采录时间：2016 年 7 月。

后记

　　郏县作为千年古县，历史悠久，文化灿烂。在这片热土上，勤劳淳朴的郏县人民曾创造出了仰韶文化、龙山文化、裴李岗文化等，更有无以计数的民间歌谣。它朴素浑成、韵律和谐，反映了不同时期郏地的社会面貌和人民心理，具有重要的史料价值和艺术价值。

　　组织保护、挖掘和抢救民间歌谣这一传统文化，也是我们文联的职责。中国作家协会会员王艳萍和其先生王光洲夫妇，十多年来，跑遍了郏县的村村寨寨，搜集传统民间歌谣、童谣、谜语和谚语。无论到哪里，只要有老人在，他们就会询问歌谣，认真做好记录和录制音像。回到家里后再仔细核对整理。在搜集整理过程中，坚持忠实于口述人，忠实于本真，原汁原味保留地方文化特色。经过夫妇二人的辛勤搜集整理和广大人民群众的大力支持，使郏县这一独特的文化遗产今天得以结集出版。

　　《郏县民间歌谣选编》主要是从郏地众多、仍在民间口头流传的民间歌谣中精选出来的，是目前搜集最全面、记录最科学的郏县民谣总汇，也是郏县民间口头文学和非物质文化遗产保护工程的重要成果之一，具有极为重要的地方文艺传承与学术价值。在成书过程中得到了海燕出版社副编审刘育贤，河北省国学文化协会会长王清秀，海燕出版社儿童文学编辑部主任、河南省儿童文学学会副会长郭六轮等几位老师的热情帮助与指导。尤其是原中国民间文艺家协会副主席、原河南省民间文艺家协会主席夏挽群先生拨冗作序，给予我们以厚爱，在此，对几位专家老师表示深深的谢意！同时，对参与此书辛苦付出的朋友们一并表示衷心感谢。

由于我们能力有限，在编纂的过程中错误难免，冀盼专家和读者朋友们不吝指正。

郏县文学艺术界联合会
2018 年 11 月 21 日

图书在版编目（CIP）数据

郏县民间歌谣选编 / 王艳萍，王光洲编著 . —郑州：河南大学出版社，2019.10

ISBN 978-7-5649-3681-5

Ⅰ．①郏… Ⅱ．①王… ②王… Ⅲ．①民间歌谣－作品集－郏县 Ⅳ．① I276.261.4

中国版本图书馆CIP数据核字（2019）第 225625 号

责任编辑	马　博　展文婕
责任校对	李　云
封面设计	马　龙
剪　　纸	王　琨

出版发行　河南大学出版社
地　　址：郑州市郑东新区商务外环中华大厦 2401 号
邮　　编：450046
电　　话：0371-86059701（营销部）
网　　址：www.hupress.com

排　版	河南大学出版社设计排版部
印　刷	开封智圣印务有限公司
版　次	2019 年 11 月第 1 版
印　次	2019 年 11 月第 1 次印刷
开　本	787mm×1092mm　1/16
印　张	13.5
字　数	182 千字
定　价	55.00 元

版权所有·侵权必究

本书如有印装质量问题，请与河南大学出版社营销部联系调换